# 「バカな平和主義者」と
# 独りよがりな
# 正義の味方

鈴木 光［著］

いのちのことば社

# はじめに

皆さんは「クリスチャン」といえば、どんなイメージを持つでしょうか？

清廉潔白な人。
それとも偽善者。
あるいは、神に頼らなきゃ生きていけない弱いやつ……？

牧師の私としては残念なことなのですが、日本にはクリスチャンが多いとは言えません。比率としては総人口の一％以下だと言われています。そんな状況ですから、「クリスチャン」のイメージの元になるような実際のクリスチャンも、皆さんのまわりに少ないかもしれません。ましてや、クリスチャンがどんなものか、どんなことを考えているのか、想像もつかないという方も多いのではないかと思います。

一方で世界に目を向けてみれば、全人口のざっと三分の一がクリスチャンもしくはキリスト教的な考え方のもとに生きているのが現状です。

この本では、そんなクリスチャンの「平和」や「戦争」についての考え方を取り扱いたいと思います。

時代は今、国内でも国外でも、平和について考えさせられることが多くなっています。また、真剣に戦争や平和について考えてみようとするときに、その土台となる考え方を求めている方も多い時期かもしれません。そんな中で、クリスチャンが、平和や戦争についてどう考えているのかを知ることで、皆さんがそれらのことについて考えるためのヒントになればと願っています。

## 自己紹介

私は日本人であり、キリスト教の牧師です。関東にある某教会で現役の牧師として仕えています（牧師として働くことを「奉仕する」とか「仕える」と表現します）。この働きに就いて十年になる三十代前半の男性で、牧師業界（?）の中ではかなり若手の部類に入ります。ですから、色々と偉そうなことを言えるようなものでもないのですが、それなりに聖書の信仰の専門家ですし、どちらかといえば若い人の感覚に近いところがあると思いますので、日本に住む若い人たちにクリスチャンの考え方を知ってもらえたら嬉しいと思って、この本を書き始めました。

そんなわけですので、普段、教会で牧師としてするように、若い人たちに話しかけるつもりで文章を書いています。話し言葉で、少しくだけた表現も使います。また、私の趣味のマンガや音楽の話題が例として何度も出てきます。逆にとっつきづらいと感じる方も多いかもしれませんが、その辺は許してください。

もちろん、若い人だけでなく、どなたでも、少しでも興味を持ってくださったら嬉しいです。どうぞ、読み進めてみてください。

さて、では早速、本題に入りましょう。

クリスチャンは「平和」や「戦争」について、どう考えているのでしょうか？

いきなり答えを言いますと、クリスチャンでも人によって考え方は違う、ということになります。もう少し詳しく言いますと、クリスチャンは聖書を信じているわけですが、聖書に書かれたことをどのように信じているか、という受け取り方（解釈の仕方）で、戦争と平和に関する考え方がいくつかの立場に分かれるということです。

少し皮肉で乱暴な言い方で表現すれば、「バカな平和主義者」か「独りよがりな正義の味方」のどちらかの立ち位置に、ほとんどのクリスチャンは分かれていると思います。

なぜ、皮肉な表現をわざわざするのかといえば、それぞれの考え方には納得できるところもありますし、逆に「いやいや、ちょっと」と突っ込みを入れたくなるところもあるからです。

そう聞くと、一つの信仰なのに、そんなに考え方が分かれるのかと疑問に思う方もいるかもしれませんが、私自身はそこが信仰の大事な部分だと考えています。

「真理は一つだが、確信は信じる者の数だけある」

格言めいて書きましたが、私の考えた言葉ですので、ありがたくも何ともありません。でも、私はそう考えています。

つまり、信仰の核心となる真理は一つですけれども、神様との関係はクリスチャン（あるいは人間）一人ひとりが違うわけですから、与えられる確信も十人十色で当然であるということです。

誤解がないように言いますと、聖書はそれぞれの解釈次第でよいという意味ではありません。キリスト教会の歴史は数限りなく出てくる「異端」の教えとの闘いの歴史でもありました。そういう意味では中心となる信仰の核心部分（イエス・キリストが神の子、救い主であるという教えなど）は解釈によって変わることはありません。いたずらに人間の都合でそれをいじくり回すこともあってはいけません。言いたいことは、クリスチャンの信仰とは神と人とのリアルな関係であるということなのです。おそらく、これを理解してもらうことは、日本では少数派でも、世界では大多数を占める「信仰者」の価値観を知るために、大切なことだと思います。

少しわかりづらいかもしれませんので、他の方の言葉もお借りします。

先日、『置かれた場所で咲きなさい』などの著作で有名な渡辺和子さんというシスターの講演をお聞きしました。その中で「信仰とは持つものではなく、生きるものです」と言われていたのが印象的でした。

私も同感です。日本では多くの方が「宗教を持つ」という表現を使いますが、その意味するところは「〇〇という宗教的な思想を持つ」ということであると思います。しかし、少なくともクリスチャンの信仰は「キリスト教」という宗教を持っているというよりは、キリストという神様を信じていて、祈りを通して対話し、コミュニケーションを取りながら「神様と一緒に生きていること」を「信仰を持っている」と言い表しているのです。

それは考え方ではなく、生き方です。思想ではなく生活です。ですから、クリスチャンにとって神様は「主」という名の聖書の神ただ一人、真理も一つですけど、その神様との生き方は十人十色で当然だということです。

この本でも、あえて「キリスト教では」という表現よりは「クリスチャンは」という言い方を多用しています。それは、思想を皆さんにお話しするのではなくて、信仰によって生きるということがどういうことなのか、ということ自体を皆さんに少しでも感じてもらいたいからです。

戦争とどう向き合って生きるのか。
平和を実現するとはどう生きることなのか。

クリスチャンの考え方を紹介するとは、そのまま生き方を紹介するということなのです。

ともあれ、そういうわけですから、同じイエス様（教会では私はこう呼びますので、そのままの呼称をあえて本書の中では使わせてもらいます）を信じているクリスチャンが、違う考え方を持っているということがありえるのです。そして、むしろそれこそが、一人ひとりのクリスチャンが神様との対話の中で確信を持っていく結果であり、尊重されるべきことなのだと考えています。

この本でも、一つの立場を絶対的に正しいものとして扱うことはしません。むしろ、それぞれの立場に対して最も厳しい疑問を突きつけるように心がけています。その結果が「バカな平和主義者」と「独りよがりな正義の味方」という辛辣なタイトルに行きついています。

本書の最後に短く私自身の考え方も書きますが、そこは読まなくても構いません。むしろ、この本を通して皆さんが「自分と同じ考え」や「似た考え」を見つけるのではなく、自分の立場を真剣に考える、あるいは見直すきっかけになってほしいというのが私の願いです。

また、政治的な立場を直接取り扱うことはほとんどしていません。むしろ、そういった政治的な立場を自分なりに考えていくための土台となる考え方が、それぞれの人のうちにきちんと築かれていくための助けとなるようにと願ってこの本は書かれています。

さて、では本題に入るにあたって、まずは戦争と平和について、私自身が深く考える必要を感じるきっかけとなった、ある「違和感」の話から始めましょう。

## 違和感

「平和」は聖書の核心的な部分に関わることでもあります。そして、私自身は長らく「クリスチャンは平和主義が当たり前」と思っていました。しかし、大人になってきた頃、実はそうでもないかもしれない、と考え始めるようになっていったのです。

決定的な違和感を持ったのは、私がアメリカの神学校（牧師養成の学校）に通っていたときのことです。二〇〇三年から三年間、私はアメリカ東海岸のニュージャージー州にある某神学校で、牧師になるための修士課程に在籍していました。滞在費を極力抑えるために、大学に隣接していた古びた独身寮に住んでいました。私自身は一番安い所だったので同じ部屋にずっと居座り続けましたが、ルームシェアするメンバーは毎年変わっていきました。その中で一番仲良くなったのは、同じ年齢でアジア系アメリカ人だったクリストファーでした。

彼は放課後に一緒にバスケをする遊び仲間の一人でしたし、信仰的な感覚も似ていたので共感するところが多くありました。実際、私たちの通っていた神学校はかなり信仰的な感覚が違う背景の学校だったので（このことは後の章で詳しく触れます）、クリストファーのようなルームメイトがいるのは心強かったものです。時にはお互いの将来や課題のために一緒に祈ることもあって、信頼できる友人でした。

ある日、買い物か何かに行くためにクリストファーの車に同乗させてもらいました。アメリカの大部分がそうであるように、大学のある地域も車がなければ生活が大変なところでした。運転免許すら持たない私は、そうしてまわりの人たちの車に乗せてもらうのが常だったのです。

当時はちょうどイラク戦争の影響で、道を行く車の多くが後ろに「support our troops」というロゴの入ったリボン型のステッカーを付けていました。文字どおり「米軍を応援する」という意思表明のステッカーで、その販売収益の一部は実際に米軍のために使われるのだと聞いていました。

あの戦争に関する日本の大方の論調は否定的でしたが、私はそれ以前の問題として（先述のとおり）クリスチャンは平和主義で戦争には賛成できないと考えていました。そこで、運転しているクリストファーに「あのステッカーについてどう思う？」と問いかけました。今まで多くの信仰的な共感があった彼のことですから、きっと「戦争なんて馬鹿げたもんだな！」といった反応があると思っていたのです。ところが彼からの答えは、意外にも「国を守る兵士を支援するのは良いことだと思う」という趣旨のものでした。つまり、あの戦争に対して肯定的であったということです（少し含みのある言い方をして、態度表明を控えたとも言えますが……）。

当然、自分の考えに似たような返答が来るものと思っていた私は、少なからずショックを受けました。

しかし、そこで色々と思い出したのです。さかのぼること、そのときからさらに数年前のことです。

二〇〇一年九月十一日、ニューヨークのワールド・トレード・センターのビルに飛行機が突っ込みました。いわゆる「9・11」、世界同時多発テロと呼ばれる悲惨な出来事です。

実は、私はちょうどその日にアメリカにいました。当時、大学生だった私はのんきにアメリカ横断の列車旅行を計画していまして、西海岸からまさにニューヨークに向かって出発するときだったのです。

そこであの事件が発生し、おかしな表現ですが、あの広いアメリカ合衆国全体が緊張感で凍りつくような空気を発しているのをその場で感じました。世間知らずな学生で、なおかつ勝手知らない外国人であった私は、何やら大変だと思いながらも、帰りのチケットがニューヨーク発の変更不可だったものですから、ドキドキしながら列車に乗って出発しました。

結論から言いますと、やはりニューヨークから飛行機で帰るのはほとんど不可能な状況で、シカゴ（地図で言うと合衆国の真ん中辺りです）から西海岸にとって返して帰国しました。

一緒に行っていた仲間の知り合いだという日系人のクリスチャン家庭にお邪魔して、なんとか帰ったのです。

ほとんどの時間は列車に乗っており、まだスマホのない時代ですから情報があまりありませんでした。ですから、当時のブッシュ大統領が、すかさず「the war」と宣言したというのを西海岸に戻ってから知人の日系人クリスチャンから聞いたのです。

その日系人クリスチャンの方は、大統領の「the war」発言を「国の動揺を落ち着かせた」と言って評価していました。正直、それに私は驚きました。しかし、そもそもブッシュ大統領も保守的な信仰を持ったクリスチャンです。

クリスチャンと平和主義がほとんどイコールと思っていた私には、驚きであったわけです。とはいえ、あれだけの大きな事件でしたから、そういうこともあるのかなと思って、そのときは過ぎていきました。

それから数年後、その事件と無関係とは決していえない、イラク戦争が始まったばかりの頃のクリストファーとの会話の中で、私の違和感は決定的になっていったというわけです。

## 三つの立場

日本のキリスト教会は第二次世界大戦後、基本的な姿勢として平和主義的な立場をとっていると思います。もちろん例外はありますが、多くのクリスチャンが「戦争反対」であると思います。そこには大戦中の日本の教会がとった行動への反省や自責の念が根底にあると私は考えています。そういうわけで、一般的にも日本の中では「クリスチャン」＝「平和主義」というイメージがあるように感じます。

ところが、一方で「キリスト教は戦争をするからダメだね」と言われることもあります。私自身はそう言われた経験がほとんどないのですが、特に年配の方などはそのようなイメージを持っている方もいらっしゃるようです。そして、それはおそらく十字軍のことを意味している場合が多いのではないでしょうか。

あるいは、最近はアメリカの行動を見て「アメリカはキリスト教国だから」という前提でそう言われる方もいるのかもしれません。

クリスチャンは戦争反対の平和主義者なのか、それとも戦争と軍隊を支持する立場なのか。どちらの姿も見え隠れしています。

そうです。繰り返しになりますが、同じクリスチャンでも、ある者は「バカな平和主義者」のように見えたり、「独りよがりな正義の味方」に見えたりするのです。

キリスト教系の「戦争」や「平和」を扱った書物では、様々な立場の分け方がありますが、基本としては、およそ次の三つの枠組みだと言えます。

それは……

①平和主義

②正義の戦争主義

③聖戦主義

という三つです。

これから一つ一つを順に見ていこうと思います。また特に、私は牧師ですから、それぞれの背後にある聖書の考え方を紹介し、解説しながらお話ししていこうと思います。

あなたはどう考えるでしょうか。そして、どんな答えを出すでしょうか。

# 目次

# 第一章　バカな平和主義者（平和主義）

最初に取り扱うのは「平和主義」です。

平和主義は、戦争をいかなる理由があろうとも認めない、という立場です。

「殺してはならない。」（出エジプト記20章13節）

聖書の登場人物で、イエス・キリストに次いで日本で最も有名なのはモーセではないでしょうか。昔はチャールトン・ヘストンというマッチョな俳優さんが『十戒』という映画の中でモーセを演じて有名になりました。最近も『エクソダス――神と王』という映画で題材として取り上げられています。アニメ映画の『プリンス・オブ・エジプト』もモーセが主人公ですね。

モーセといえば誰もが思い浮かべるのが「海を割るシーン」だと思います。しかし、聖書全体の中では、海が割れたこと以上に重要なのは、神様が「十戒」をはじめとする教え（律法と呼ばれます）を人間に与えられたということなのです。

先に書きました「殺してはならない」は、まさにその十戒（十の教え）のうちの一つです（第六戒）。これは実にシンプルかつ誤解のしようもない明快な神様の命令です。人は人を殺してはならない。それが神様の教えであり、命令です。

なぜ人を殺してはならないのか、ということには色々な答え方があるかもしれませんが、聖書の答えは「神様がそう命じておられるから」ということに尽きます。その背景には人も世界も神様が造られたという創世記（聖書の一番最初の書）の教えがあります。神様に属する命を、自分のものであろうと、他人のものであろうと、奪うことは人間には許されていないという信仰があるからです。

ともあれ「人は人を殺してはならない」のですから戦争はできません。殺すことが選択肢に入っていない戦争などありえないからです。

## 「平和主義」の誤解

意外と誤解されがちなことですが、キリスト教の平和主義とは「なるべく平和的にする」という曖昧なものではありません。「戦争」に対する立場としての「平和主義」とは、「いかなる戦争も武力行使も認めない」ということなのです。どんな場合でも「力（武力、戦力、暴力といった物理的な力はなんでもです）」を用いた解決を認めないということです。

いまいちピンとこないという人も多いかもしれません。では、こう言えばどうでしょうか。平和主義では「自衛のための戦いも認めない」ということなのです。

私はこのことに気づいたときに、少なからずショックを受けました。というのは、以前は「自分は平和主義」の人間であると漠然と考えていたのですが、正直にいって「身にかかる火の粉を振り払う」といった自衛の行動まで問題にして考えてはいなかったからです。

このキリスト教の平和主義の背景には、やはり聖書の言葉、特にイエス・キリストの言葉があります。また、その言葉を受けてのキリスト教会の歩みの中で「平和主義」という立場が形をとってきたのです。

この平和主義が持つ「いかなる」戦いも認めないという厳しさは、私たちの安易な「平和主義」のイメージを打ち砕くものかもしれません。しかし、この部分を避けては本気で「平和」に取り組むことはできない、と私は思います。

『エリア88』というマンガがあります。中東のアスランという国の内戦に、親友にだまされて外人部隊の傭兵パイロットとして参加することとなった主人公と、彼が所属するエリア88という基地と部隊を描いた作品です。アスランはもちろん架空の国ですが、ソ連崩壊前の冷戦時代を舞台に、現実にありそうな設定の中で物語が展開し、引き込まれていきます。主人公の風間シンは戦闘機パイロットなのですが、多くの実在の戦闘機が登場し、軍用機ファンからも根強い人気があります。戦争の原因の複雑さや、兵士の悲喜こもごも、さらには壮大な恋愛も描かれている、戦争を扱ったマンガの傑作の一つです。

その中で、うかつにも外人部隊に入ってしまった別の日本人が敵前逃亡し、軍法会議によって処刑されることが決まった直後に、主人公がその人物と会って話すシーンが出てきます。ここには、殺さなければ殺される、という状況におかれた兵士の葛藤を見ることができます。

『エリア 88』より　ⓒ新谷かおる・KADOKAWA 刊

「平和主義」とは聞こえのいい言葉だと思います。しかし、第三者の立場で平和主義を唱えることと、当事者として平和主義を貫くことには歴然とした差があります。もしも「やられても、やり返さない」という決意や勇気もないのに「私は平和主義だ」と言うならば、それはバカな平和主義者だと言われても仕方がないかもしれません。

あるいはバカだと言われてもよいという決意を持っていなければなりません。

キリスト教の平和主義は、自衛をも認めません。決して相手を殺さない。殴られても殴り返さないのです。それは一見するとバカに思えるようなイエス・キリストの姿に土台があるからです。

## 敵を愛しなさい

少しもったいぶってしまいましたが、再び聖書の言葉に戻りましょう。この「平和主義」の根拠となる、もう一つの重要な聖書箇所は次のものです。

「敵を愛しなさい。」（ルカの福音書6章35節）

この言葉は、聖書が伝えるイエス・キリストのメッセージの中心だと言っていいでしょう。イエス様はまさに「敵を愛する」方でした。それはその生涯で最も重要な出来事である十字架の死の場面で、一番よく表されています。

「イエス・キリストの十字架」には、どのような意味があるでしょうか。

私が大学二年生だった頃、学生同士で聖書の勉強会をやっていました。そこに新入生が一人参加するようになりました。仮にM君としましょう。

今ではガチなクリスチャンのM君ですが、その聖書研究会のときまで彼は聖書を読んだことはなかったと言います。そして、聖書のクライマックスであるイエス様の十字架について一緒に学んだあとで感想を聞きますと、彼は次のように答えました。

「自分は今までキリスト教の十字架というのは、悪い生き方をしていると、こういう目（十字架の死刑）にあうぞ。だから真面目に生きろよ、という反面教師的なものだと思っていました」

彼の名誉のために言いますが、M君は非常に優秀な理系の頭脳の持ち主で、現在も某企業の研究者として第一線で活躍をしている人物です。彼が特別に知識がなかったということではなく、教会に通っていたり、ミッションスクールに通っていたりでもしなければ、おそらく一般的に「十字架」の意味を知っている人は決して多くないということなのだと思います。「イエス・キリスト」と「十字架」に何かしらの関係があるということくらいは聞き知っていても、その意味まで考える機会は実際にはほとんどないのかもしれません。

M君の感想は、小さな頃から教会に通う自分にとっては当然の知識でも、必ずしも一般的ではないということを気づかされる貴重な体験となりました。ある意味、私にとっては牧師として皆さんに十字架の話を伝える働きをする上で、一つ一つ丁寧に伝えること、という当たり前の教訓を得ることのできた良い機会であったとも言えます。

ともあれ、十字架は反面教師のシンボルではありません。


さて、そういうわけで「敵を愛しなさい」の土台となる十字架について、少し詳しくお話ししましょう。

十字架は死刑の道具です。当時のローマ帝国下では、単なる磔《はりつけ》の刑ではなく、手と足に釘を直接刺して苦しめる刑です。イメージ的に釘を刺された出血や、槍で突かれたりして殺されるのかと思いがちですが、実は違います。

十字架にかかっていると、自分の体重でだんだん下にずり落ちていきます。ずり落ちていくと、横隔膜《おうかくまく》が圧迫されて息が苦しくなるので、体を引き上げようとします。すると、釘の刺された手と足で自分の体重を支えなければならないので激しく痛みます。また、段々下にずり落ちます。これを繰り返して、不幸にも長い人では数日にわたって苦しみます。そして、大抵の場合は窒息や衰弱で命を落とすのです。とてつもなく残酷な処刑方法が十字架です。実際はイエス様はその前に瀕死の状態まで鞭を打たれていましたので、わずか数時間で命を落としてはいますが、それも含めてあまりにむごい死に様であったことは間違いありません。

イエス・キリストはそこで殺されました。しかし、誤解してはならないことは、彼はそのような死刑にあたる罪を犯したために、十字架にかかったわけではないという点です。むしろ、彼は全く無実であり、全く罪がない人でした。そこがポイントです。

全く死刑にあたる問題がなかったにもかかわらず、イエス・キリストは十字架にかかりました。

その直接的な原因は、他の宗教指導者たちからの「ねたみ」でした。「パリサイ派」や「律法学者」、そして「祭司」と呼ばれる指導者たちは、「律法」と呼ばれる聖書に記されたルールを守ることで神様に正しいと認められることを大切にしていました。一方でイエス様の言動は、人は誰もが罪人《つみびと》であり、神様の基準の正しさに自分の努力で到達できる人間など一人もいないということを示していました。ですから、イエス様は「罪人《つみびと》」と呼ばれる人とも分け隔てなく接し、むしろ「わたしが来たのは、正しい人を招くためではなく、罪人を招くためである」と言い、喜んで世間に後ろ指さされる人々を招きました。

さらに、イエス様が人々を癒したり、信仰に応えて奇跡を行ったりすることがあったため、ますます民衆があとに従うようになりました。

その結果、それまでリーダーの立場であったのに、その座を脅かされる形となった宗教指導者たちのねたみが頂点に達しました。そして、彼らは人々の集まる大きな祭りの期間にこっそりとイエス様を逮捕しました。彼には罰せられるようなことは何もありませんでしたが、指導者たちは民衆を扇動し、為政者をも政治的な背景を利用して丸めこみ、「ユダヤ人の王と名乗って騒動を起こしている」という罪状で、ついに十字架につけることに成功したのです。繰り返しますが、そんな罪はありませんし、まして死刑にあたるようなことは全くありませんでした。

では、このイエス・キリストの十字架に何の意味があるのでしょうか。彼が十字架にかけられたときのようすが聖書に以下のように記されています。

ほかにもふたりの犯罪人が、イエスとともに死刑にされるために、引かれて行った。「どくろ」と呼ばれている所に来ると、そこで彼らは、イエスと犯罪人とを十字架につけた。犯罪人のひとりは右に、ひとりは左に。そのとき、イエスはこう言われた。「父よ。彼らをお赦しください。彼らは、何をしているのか自分でわからないのです。」彼らは、くじを引いて、イエスの着物を分けた。民衆はそばに立ってながめていた。指導者たちもあざ笑って言った。「あれは他人を救った。もし、神のキリストで、選ばれた者なら、自分を救ってみろ。」兵士たちもイエスをあざけり、そばに寄って来て、酸いぶどう酒を差し出し、「ユダヤ人の王なら、自分を救え」と言った。」（ルカの福音書23章32～37節）

イエス・キリストは、自分を十字架にかけた人々のために「父よ、彼らをお赦しください」と祈りました。ここでいう「彼ら」とは誰のことかというのが、聖書が読む者に投げかけている問いです。

役得として服を分け合う死刑執行人、おかしいと感じながら傍観する「民衆」、ざまあみろとばかりにあざ笑う「指導者たち」、そして侮辱する「兵士たち」の姿が描かれています。しかし、彼らの姿は様々な人間の罪のようすをも示していることが、聖書を通して読んでみるとわかってきます。

死刑執行人は、仕事だからと躊躇なく自分たちの不実な役割を執行するだけではなく、そこから利益を得ようとします。

民衆は、もともとはイエス様を歓迎し、従っていたはずですが、彼に罪がないと気づいていても死刑執行を止めようとはしません。

指導者たちは、ねたむ相手を悪者に仕立て上げて、うっぷんを晴らします。

ローマ帝国の兵士たちは、状況も何も知らないまま、ただ犯罪者とみなして彼を侮辱します。


彼らの醜い部分は、どれも多くの人のうちに多かれ少なかれあるものです。すなわち、「彼ら」は罪のある人間のすべてを代表しているのです。

その彼らの、そして人間一人ひとりの罪の罰を代わりに受けて、イエス・キリストは「父よ、彼らをお赦しください」と祈りました。

これこそが聖書の最大のメッセージです。つまり、イエス・キリストは私たちの罪を一身に背負って、代わりに罰を受けてくれたということです。

「信じる者は救われる」とは昔から怪しげなフレーズとしておなじみですが、聖書のメッセージは文字どおり、このイエス・キリストの犠牲による赦しを信じる人は救われるというものなのです。

説明が長くなりましたが、「敵を愛しなさい」というイエス・キリストの教えは、自らが「神様に敵対する罪人」であるすべての人を愛して十字架にかかることで示されたことなのです。クリスチャンの多くはこの愛と赦しに感動して信仰を持ちます。お近くにクリスチャンがいましたら聞いてみてください、何かしら十字架に関しての思いが信仰を持った動機にある人が多いと思います。

さて、本題に戻りますが、戦争は基本的に「敵」がいて成り立つものです。敵を愛しなさい、というときに戦争は成り立たなくなります。

## 右の頬を打つ者には

さらに「敵を愛しなさい」という言葉に関連して、イエス・キリストはこうも言っています。

「あなたの右の頬を打つような者には、左の頬も向けなさい。」（マタイの福音書5章39節）

平和主義は自衛の戦いさえ認めないとすでに話しましたが、まさに殴られても殴り返さないどころか……という話なのです。

ちなみに、この有名な「右の頬を打つなら」のくだりの前には、もう一つ有名な聖書の言葉が出てきます。

「『目には目で、歯には歯で』と言われたのを、あなたがたは聞いています。しかし、わたしはあなたがたに言います。悪い者に手向かってはいけません。」（同38～39節）

「目には目を、歯には歯を」は、もともと旧約聖書のレビ記という箇所に出てくる教えです。しかし、一般に考えられているように復讐を命じたものではなく、むしろ過剰な刑罰をおさえる役割があることに注意が必要だと思います。

「(やられたらやり返す）倍返しだ！」が「流行語大賞」になった年がありましたが、私もその台詞が出てくるドラマを楽しみに見ていました。そして、倍返しがうまくいくと胸がすっとするものです。ちょっと本題とそれている気もしますが、やられたら倍にして返したいというのは人間の自然な反応なのかもしれません。しかし、それを神様の法は許さないということを「目には目を、歯には歯を」が表しているということができるでしょう。

しかしイエス様が言われた「敵を愛しなさい」は、さらにその上をいくのです。

「あなたの右の頬を打つような者には、左の頬も向けなさい」

自衛を含めた戦争をすべて認めないというのが、ここからもよくわかると思います。

## クリスチャンの葛藤

さて、この「敵を愛しなさい」はクリスチャンにとって非常に大きな意味があります。一方では、イエス・キリストの十字架に感動をして、自分も赦されたい、そして自分もそうなりたいと思って信仰を持つのです。その一方で、おそらくここまで読んできた多くの方が思ったとおり、「そんなの無理じゃね？」と感じるわけです。

クリスチャンは「敵を愛する人々」でしょうか。答えは、ある時はそうであり、ある時はそうできていない、という何ともしょっぱいのが正直なところではないかと思います。

しかし、少なくとも「敵を愛しなさい」に応えたい、と思っているのがクリスチャンであると思いますし、そうあってほしいと牧師として願っています。時に愛することができ、時に愛することができず葛藤し、しかしまた愛したいと立ち上がるのがリアルなクリスチャンの姿であると思います（期待を込めて……）。

## キリスト教会の平和主義

おそらくキリスト教会の始まりから、そのようなクリスチャンたちの葛藤はずっとあったことと思いますが、苛烈を極めるユダヤ教やローマ帝国からの迫害の中で信仰を持った最初期のクリスチャンたちは、それでも忍耐して愛を貫く強い信仰がありました。

イエス・キリストは十字架にかかり、復活して弟子たちとしばらく過ごした後、天に昇って行かれたと聖書にあります。

その後は「教会」の歴史になります。復活したイエス様は弟子たちに「あなたがたは行って、すべての人をわたしの弟子にしなさい」と命じ、さらに神様の霊である「聖霊」が弟子たちに与えられて教会が始まりました。「聖霊」に導かれた弟子たちは驚異的な勢いでイエス・キリストの「福音」（「良いお知らせ」という意味）を人々に伝え、信じる者たちが増え、教会はどんどん拡大していきました。

一方で、その勢いに対して色々なところから迫害が起こりました。つまり、イエス・キリストを信じるなど馬鹿げている、許し難いという人々も同時に出てきたということです。そもそも、先ほどから取り上げている「敵を愛しなさい」というイエス・キリストの言葉は、「敵を愛し、自分を迫害する者のために祈りなさい」と続くように、戦争うんぬん以前の問題として、第一に「迫害する者」を愛すべき相手として語っていることを忘れてはいけません。ある意味、イエス様は最初からこの迫害を、自分のあとをたくす教会に対しても必ず起こるものとして備えていたわけです。

最初に教会に対して迫害する者となったのは、イエス・キリストを十字架にかけた流れのままにユダヤ教の指導者たちであったようです。たとえば、新約聖書の後半において最も存在感を発揮する「パウロ」という大物の伝道者がいますが、彼も最初はクリスチャンに対する熱心な迫害者でした。クリスチャンを町から町へ追いかけて、牢屋にぶち込んでやろうと頑張っていた姿が聖書の中には記されています。しかし、やがて幻の中でイエス・キリストに出会って悔い改め、人生の百八十度転換を経験して使徒（特に選ばれた弟子）として教会の働きにつくのでした。というように、キリスト教会はユダヤ教の中から出てきた怪しい一派として、まずはその内側で迫害を受け、それに対して「敵を愛せよ」を実践しようとしてきたのです。

そして、さらに勢いを増して成長する教会が次に直面するのは、当時の最大の国であったローマ帝国による迫害でした。大迫害者としても有名な皇帝ネロをはじめとして、繰り返し強烈な迫害が行われます。たとえばコロッセオと呼ばれる闘技場で、クリスチャンはライオンと戦わされたりして惨殺されるような迫害にもあっていました。元迫害者で使徒となったパウロも似たような経験をしたことがあるようで、「わたしは獅子の口から救われました」と書いているところもあります。

いずれにせよ、初代の教会の人々は文字どおり信仰を持つことが命がけだったのです。そのような中でなお信仰を持って「敵を愛せよ」を実践しようとする人々の群れとして、キリスト教会の歴史の最初の三百年は文字どおりの「平和主義」がその姿勢であったと考えられています。

実際、「殺してはならない」と「敵を愛しなさい」のイエス・キリストの姿にならっていたのでしょう、軍隊にクリスチャンがいたり、関わっていたことを示す資料は残っていません。むしろ、当時のローマ軍には皇帝崇拝を含めた偶像礼拝の習慣があったため、それを懸念してという理由もあってか、兵士となることを禁じる教えを、初期の教会指導者たちが残しているほどです。

その後、歴史的には戦争に参加する立場の考え方もキリスト教の中で出てきますが、平和主義の考え方に完全に取って代わるわけではありません。どちらの立場も同時に存在してきました。つまり、今に至るまで、どの時代も平和主義のクリスチャン、また教会はなくなることはなかったということです。

たとえば、メノナイトと呼ばれる教会のグループがあります。十六世紀の宗教改革のときに活躍した、メノ・シモンズという人の名前に由来してメノナイトと呼ばれています。この教会グループはその始まりの頃から、先に述べてきた「平和主義」を厳格に守る人々でした。他の平和主義の教会と併せて「歴史的平和教会（Historical Peace Church）」と呼ばれています。

## 非暴力と平和主義

そのメノナイトの現代における平和主義の神学者に、ヨーダー（John Howard Yoder）という人がいます。彼は、現代の色々な種類の平和主義に対して、クリスチャンの信仰に基づいた平和主義というものをあらためて語っています。

たとえば、クリスチャンやキリスト教会に基づかなくても平和主義の立場を取る人はたくさんいます。歴史の授業でも必ず登場する、インド独立運動の指導者であるマハトマ・ガンジーは「非暴力・不服従」を貫いた重要な平和主義的リーダーでした。しかし、聖書の教えももちろんよく知っていた人だと思いますが、信仰告白をしたクリスチャンというわけではありません。

ガンジーのような歴史上の大きな働きから評価して、「平和主義」は実際的に効果があるからその立場を取るべきだという考え方の平和主義の人もいます。言ってみれば「非暴力の力」は暴力の力より強い、ということが戦争に代えて平和主義を取るべき根拠だという考え方です。

しかし、ヨーダーは本来のクリスチャンの平和主義は「効果的」であるかどうか、は問題ではないとしています。クリスチャンが平和主義であるべき理由は、単純にイエス様の十字架を通して示される神様の性質が、明らかに戦争を否定しているからだということを語っています。

「非暴力」によって抵抗するのがイエス・キリストの目的ではなく、「抵抗せず」に十字架の死を受け取って罪を赦すことが目的でした。戦争という形においても、非暴力という形においても、敵に抵抗するのではなくて愛しなさい、という恐るべき姿勢をヨーダーは強調しています。

もう一人、非暴力の代名詞としてよく登場するのがキング牧師（マーティン・ルーサー・キング・ジュニア）です。キング牧師は言うまでもなくキリスト教会の牧師であり、アフリカン・アメリカン（俗に黒人と呼ばれる人々）の平等を勝ち取るために、アメリカ合衆国において「公民権」運動を行った人です。

キング牧師の場合は、もちろん非暴力こそ「効果的である」という信念を持っていたと思いますが、その背後には当然のことながらここまで述べてきたとおり、イエス・キリストへの信仰による平和主義があることは間違いありません。

一方でガンジーやキング牧師の「成功例」が平和主義を効果的だから選ぶべきだと認める根拠にはできないという考え方も、「他の例」を挙げれば簡単に裏付けることができます。たとえばナチス・ドイツを例に考えてみましょう。ユダヤ人が抵抗しなくとも、彼らは多くの場合、躊躇せずに虐殺を実行しました。

相手側が暴力を正当化したり、あるいは残虐であることを美化していたりするならば、非暴力の「効果」はありません。

ヨーダーが注意をうながしているように、「信仰による平和主義」と「非暴力」の考え方は重なる部分もありますが、全く同じものというわけではないことは確認しておきたいと思います。

## 性善説と性悪説

平和主義の「効果」とか、成功するかどうか、ということに関しては、人間の本来持つ性質をどう考えるのかということも深い関係があります。

性善説と性悪説という考え方があります。本来はそれぞれ孟子と荀子の思想ですが、一般に生まれながらの人の性質を表す考え方の分け方として使われています。

性善説は、人の生まれながらの性質は善であるという考え方です。たとえば、もし誰かが道端で穴にはまって死にかけていたら助けるでしょう。ほら、その自然な反応が人は生まれながらに善なのですという考えです。

逆に性悪説は、人は生まれながらに欲望に忠実な悪であるという考え方です。もし穴にはまって死にかけていた人が大金持ちで、全財産が穴の脇にあったら、そしてほかに誰もそこにいないのなら、助けないでこっそり……。ムチャな設定ですが、あくまでたとえです。

平和主義運動の成功例を評価する人への「バカな平和主義者」という批判は、言うなれば「あまりに性善説を信じすぎている！」という感覚に基づいていると思います。本当に悪いやつは、平和だなんだとごたくを並べても、聞いてくれないかもしれないぜ、ということです。その批判に対しても、平和主義の立場を取る人は自分なりの応答を持つべきでしょう。

ちなみに聖書は性善説と性悪説のどちらを取るかといえば、実は両方であると言えます。まず前提としては性善説です。創世記1章において神様が天地創造をしますが、人間を造り終えたあとの感想が「見よ。それは非常に良かった」と書かれています。単に「良い」どころか「非常に良い」ものとして人は造られている、これが性善説的な聖書の前提です。

ところが、天地創造でめでたしめでたしではないのが創世記です。直後の創世記3章で早速、最初の人であるアダムとエバが罪を犯すのです（神様との約束を破って、食べてはいけない木の実を食べるというやつ）。この瞬間から人間には原罪と呼ばれるものが生まれています。それは誰もが持つ罪の根っこであり、聖書はその赦しと救いのためにイエス・キリストが来て、十字架にかかったのだと教えています。つまり、ここには性悪説の人間の姿がはっきりと示されています。

ポイントはすべての人に罪があるということです。それを前提とした上で、つまり人には罪があるんだから、平和主義に必ずしも相手側が好意的に応えるとは限らないんだぜ、と理解した上でなければ、平和主義の立場は土台が確保されないわけです。

繰り返しになりますが、実効性によって平和主義を絶対的に評価するのには難しい面があるのは確かです。クリスチャンにとっては信仰とそれに基づく確信が、そうでない人にもよく吟味された自分の信念が必要になるでしょう。

## 平和主義者への問い

清竜人というシンガー・ソングライターの歌に「ぼくが死んでしまっても」があります。この曲が収録されたサードアルバム「People」が発売されたのが二〇一一年で、彼が二十一歳のときですから、いかにも早熟な天才アーティストだと思います。現在の彼をインターネットで検索すれば、その後の活動にも色々な意味で目を見張ることになります。

それはさておき、「ぼくが死んでしまっても」の歌詞を一部取り上げます。

もしも　ぼくが　あした　誰か　知らない　やつに
大した　理由もなく　酷く　傷つけられても
おとうさん　おかあさん　おねえちゃん
おじいちゃん　おばあちゃん　ガールフレンド
決して　報復　なんて　おそろしいこと　考えないでよ
ぼくは　多分　憎んじゃいないから　きっと　誰も　恨んじゃいないから

……中略……

もしも　きみが　あした　誰か　知らない　やつに
大した　理由もなく　ただ　傷つけられたなら
おとうさん　おかあさん　ごめんなさい
ガールフレンド　本当に　ごめんなさい
ぼくは　とても　おそろしい顔　して　家を　飛び出すだろう
どうしても　許せない　どうしても　耐えれない
どうしても　許せない　どうしても　耐えれない
かみさまが　許しても　このぼくは　許せない
もしも　きみが　あした　死んでしまったら

人間　憎むこと　許されない
幸福　願わなければ　ならない
誰であろうとも
そんなこと　頭では　わかっているの

でも　悲しみに　耐えれない
そう　ぼくは　弱い　男だ

先にマンガ『エリア88』の一場面を参考に挙げて、自分の命の危機で平和主義を表明できるかどうかと問いました。

この清竜人さんの歌ではさらに、自分の大切な人がその危機に出会ったらということがテーマになっています。自分以上に大切な人々の場合はどうかということも問われる必要があります。

平和主義者の方への問いかけはこうです。

あなたは自分、あるいは大切な人が危険にさらされているときに、あるいは危険にあったときに、それに対する力を持たなくてよいのですか？

# 第二章　聖書の教える「平和」

「平和」とはそもそも何なのでしょうか。文化や時代によって言葉の定義は様々ですが、そのような違いにも簡単にふれた上で、この章では特に聖書の教える平和とは何かを確認していこうと思います。

## 日本語の「平和」

「平和」という日本語の定義は何でしょうか。広辞苑を引きますと、二つの意味が書かれています。

①やすらかにやわらぐこと。おだやかで変りのないこと。

②戦争がなくて世が安穏であること。

私なりに理解すると、個人的な状況の安定や心の平安と、社会的に戦争がないことの二つが、「平和」という言葉のおもな意味であると思います。

確かに戦争がなくても、とてもストレスが多い暮らしをしていれば、とても「平和だなあ」とは言えないでしょう。逆に個人的に心が平安であっても、となりで殴り合いのケンカが起きていては（どんな状況だ！と思いますが）「平和だなあ」とは、やはり言えないでしょう。

個人的な平和と社会的な平和が、日本語で言う「平和」には含まれているようです。

## 直接的暴力と構造的暴力

平和学という学問の分野があります。

日本平和学会の会長を務めた高柳先男先生は、平和学における「平和」について、このように語っています。

平和とは何かと問われたときに、平和とは戦争がない状態である、平和とは戦争の不在である、という答えは間違いではありません。

では、「戦争の不在」イコール「平和」なのでしょうか。そんなことはありません。戦争がなくても平和ではないという状態があります。こういう状態を、英語でピースレスネス（Peacelessness：平和ならざる状態）といいます。たとえば、いま、北朝鮮で多くの人々が飢餓の状態におかれていますが、それは平和ならざる状態です。「平和ならざる状態」を引き起こすものは社会構造です。国内の社会構造かもしれないし、国際的な社会構造かもしれない。（『戦争を知るための平和学入門』21〜22頁）

ここから、まず二つの平和を壊す原因が紹介されます。

一つは、戦争を最たる例とする「直接的暴力」で、もう一つは、貧困や差別などを引き起こす社会構造からくる「構造的暴力」です。

どちらも独立したものではなく、多くの場合はお互いに関係のある問題だと思います。戦争があって貧困が生まれたり、侵略した側とされた側の間で差別が生まれたりします。あるいは、民族的な差別意識が引き金になって戦争が起こることは、戦争の原因としては非常に多いものです。

いずれにせよ、この二つの問題を解決しなければ平和は来ないということが、平和学において語られています。

私なりに『ドラえもん』のキャラクターを例にとって考えてみればこうなるでしょうか。

野比のび太君は基本的に二人の人物によって平和を乱される日々を送っています。

一人は腕力にものを言わせる「直接的暴力」による支配者の剛田武君（ジャイアン）です。何かといえば殴って自分の要求を通そうとしてくるので大変です。時には頭を狂わせるほどの歌声によって苦しめられることもあります。

もう一人は自分の家の小金持ちっぷりという「構造的暴力」を鼻にかける骨川スネ夫君です。新型の自転車を買ったと自慢されてはのび太君は落ち込み、新しいゲームを買ったとなれば「三人用」だと言って仲間外れにされて、のび太君は泣きべそをかきます。

そして毎度のように平和を乱されて便利なネコ型ロボットに助けを求めるのが、お決まりのパターンです。

いずれにせよ、直接的な暴力と構造的な暴力で、のび太君は平和を乱されているのです。

……じゃあ、ドラえもんに助けてもらえばそれで解決かといえば、のび太君の持つ根本的なだらしなさはあるのですが、それについては本題とずれるので、この話題はここで終えましょう。このキャラクターたちの関係性が、現実の個人、そして国や組織の内外で起こってくることがありえます。そのときに失われるものが「平和」なのだと、平和学においては言えるでしょう。

## 「平和」の古今東西

さらに「平和」という言葉は、世界各地の文化や歴史によって随分と意味合いが違います。一言で「平和」と日本語で訳していますが、その各言語にあてはまる意味も多種多様なのです。いくつか例を挙げてみましょう。

### パックス

「パックス・ロマーナ」という言葉で歴史の教科書にも登場するのが、ラテン語の平和である「パックス」です。パックス・ロマーナは、そのまま「ローマの平和」とも訳されますが、「ローマの繁栄」のほうが良い訳じゃないかとも言われるほど、ローマ帝国が繁栄を極めた時代を指します。そこからもわかるとおり、パックスは支配者であるローマ人にとっての秩序が築かれている状態を意味しています。支配されている側は平和ではないんでしょうが、支配する側が支配される側と取り決めた（法の）秩序があり、結果的に争いのない状態がパックスです。

## エイレーネー

エイレーネーはギリシャ語です。新約聖書は基本的にギリシャ語で書かれていますので、聖書を少し詳しめに学んだことのある人なら知っている言葉かもしれません。しかし、聖書で意味する平和とは違い（詳しくはあとで語ります）、ギリシャ語としてのもともとの意味合いは「戦争や争いがない状態」を意味しています。そう聞きますと、日本語の平和と近いと感じますが、実際は全然違います。エイレーネーは「戦争が前提」で、戦争と戦争の間の一時的な「戦争休止」状態を意味しています。非常に消極的な平和と言えるでしょう。

パックスとエイレーネーは、いわば西洋的な平和の基本にある概念です。それは言ってみれば、直接的暴力も構造的暴力も人間の社会にはなくならないんだ、というある意味では現実的とも言えるし、ある意味では非常に悲観的でもある前提のもとにあります。一時的な争いのない状態や、部分的な平和を意味していると言ってよいでしょう。

続いて、西洋の平和に対して、東洋の平和について見てみましょう。

## シャンティとアヒンサー

先に挙げた高柳先生の著作でも、東洋代表としてインドの二つの「平和」が紹介されていました。

インドのサンスクリット語に由来する言葉が「シャンティ」です。これは日本語の「個人的な平和」ということに非常に近いものです。「平安」とか「安息」とか「安穏」という言葉に置き換えてもいいかもしれません。内的な安定を意味する言葉です。また、ヒンズー世界では「アヒンサー」という言葉がありますが、これは殺したり傷つけたりしない非暴力のことを意味します。いずれも日本語の感覚に近いように感じます。

## ピン

最後に中国語です。麻雀好きの人なら「平和」という漢字を見ると、まず「ピンフ」と読むことと思います。言ってみれば麻雀の基礎中の基礎の役ですから、ある意味重要ですが、ここでは役としてではなく訳としての「ピン」の意味に注目です（うまいこと言いました）。ピンは中華思想の陰陽に基づいた概念ですから、バランスを取ったり調和したりすることを意味します。いくつかの力あるいは陰と陽の力が拮抗してバランスを保っているような状態を意味します。

ほかにも挙げるべき言葉がたくさんあるかと思いますが、とりあえず以上を代表としましょう。

傾向としては、西洋は相手あっての自分の平和や、法の秩序のような「対他的」な部分が大きくあるようです。そして東洋は精神的な平和や、害をなくして保つ安定のような「対内的」な要素が強いという特徴があると言えます。

このような東西の平和の感覚の違いを理解しておくことは、国際的な平和を考えていく上で非常に重要なことと思います。そうでなければ、お互いに考えている「平和」が違うのに、「共に平和をつくり上げましょう」などという意味不明な事態にもなりかねません。

さらに、こうした元からあった西洋と東洋の「平和」の違いに加えて、現代の世界的な

「平和」を考える上では、「欧米」と「アジア」と、さらには「中東（イスラム圏）」の「秩序」に関する理解の仕方に大きなギャップがあることも考えてみたいと思います。

## 秩序もいろいろ

「法の秩序」という表現がありますが、これは文字どおりルール（法）を守ることによって立てられる秩序のことを意味します。欧米では、この「法の秩序」というものを非常に大切にする傾向があります。

ただし、ここには一つ大きな問題があります。それは、ルールは人や国によって違うということです。これは、つい先ほど説明したように、もともとギリシャやローマに始まる勝者の論理と言いますか、秩序を打ち立てる側の「法」が採用されるわけですから、逆に打ち立てられた側としては意にそぐわないものを当然受け取らなければならないわけです。

たとえば、最近の対立では「欧米と中東（イスラム圏）」という構図が少なからずあると思います。イラン・イラク戦争しかり、アフガニスタンしかり、そして一緒にしてしまうのは少し乱暴ですが、連続するテロ問題もあります。いずれも一つ共通していることは、欧米の「法の秩序」の土台にある「法」と、イスラム圏の持つ「法」という明らかに違うものの対立が背景にあるということです。

冷戦の時代は、「法」とは違いますが、ソ連を筆頭として社会主義という「枠組み」があって、もう一方にはアメリカを筆頭として資本主義という「枠組み」があり、微妙なバランスのもとでそれぞれがそれぞれの秩序を保っていました。

しかし、その対立の形が終わって、今度は「欧米と中東」となりました。今後、それぞれがまたバランスをとっていくようになるかもしれませんが、仮に「欧米の法」を中東にも打ち立てようとしたならば、それは大きな争いになることでしょう。また、逆にイスラム圏の法を欧米に打ち立てようとしても、同じように争いになるでしょう。

一方で、「アジア（東洋）」の秩序の感覚は、欧米や中東がそれぞれ持つ「法の秩序」ともまた別物で、根本的に違います。

アジアでもすでに紹介したとおり、「秩序」は大事です。シャンティもピンも共通して、調和して安定している秩序のある状態を平和と考えています。しかし、その「秩序」とは「法」によるものというよりも「権力のバランス」によるものである傾向があります。これは、似ているようでずいぶん違います。欧米は「一つの法」のもとに秩序が立てられると考えますが、アジアは一人の権力者が他を圧倒する、もしくはいくつかの権力が並立し、そのバランスのもとで秩序が保たれると考えます。

また、ギリシャ・ローマ時代と違い、キリスト教の影響を経て、現在の欧米の「法」の由来は神様にあるものと考える人も多いのです。ですから、欧米では「法」のもとに権力者も置かれますが、アジアでは「権力者」が法なのです。このギャップを理解していないと、「法の秩序」といってもそれぞれ違うものを意味しているということが起きてきます。注意が必要です。

たとえば、「法の秩序のもとに国際的な平和を築きましょう」と誰かが言ったとしても、それぞれの「法」も「秩序」も違うということを理解していなければ、どれだけ待っても平和は来ないでしょう。

イスラム圏も含めて、それぞれの秩序の形を考えてみると、欧米は「法治」、アジアは「人治」、中東はイスラム法による「神治」というのが現在の意識の根底にあると言えるかもしれません。余談になりますが、日本はこの欧米的な法治の感覚と、アジア的な人治の感覚の合間にあるように感じます。それは見方によっては大きな可能性があることで、様々な国際的な対立の間に入ることができる存在かもしれません。また同時に、他の誰をも理解できていない、とんだ勘違いさんになってしまう危険性もあるかもしれません。

いずれにせよ、「秩序」にも、法、権力、思想や信仰といった基準になるものがいろいろあるということを知っておくことが大切でしょう。

## 平和と安全

もう一つ、「平和」と「安全」の違いにもふれておく必要があるでしょう。

再び『エリア88』の一コマを紹介しましょう。

これは劇中で登場する海音寺八兵衛という、日本の「影の総理」と呼ばれる実力者のセリフです。エリア88が巻き込まれている武器商人たちの謀略が、いよいよ国際問題に発展しようとする中で、海音寺が日本の立ち回り方を考える上で話している言葉です。


「安全と平和は意味が違う……

日本以外のすべての国が血まみれになっていようが、日本が絶対にそれにまきこまれない状態…それが安全だ‼」

十代でこれを読んだときに、私は思わず「なるほど」となってしまいましたが、今でも実に言いえて妙なセリフだと思います。この「安全」と「平和」の違いは重要です。すでに気づかれた方も多いかもしれませんが、先ほど挙げた西洋の「パックス」も「エイレーネー」も周りに対する自分の平和を意味しますので、実はここでいう「安全」であるとも言うことができます。アジア的に考えれば、まわりが平和でなければ平和とは言えませんが、「パックス」と「エイレーネー」においてはそれが言えるのです。

この意識のギャップも押さえておく必要があるでしょう。

さて、様々な「平和」の考え方について、そして関連する「秩序」と「安全」について簡単にふれてきましたが、今度はいよいよ聖書の教える「平和」を確認していきたいと思います。

『エリア88』より　ⓒ新谷かおる・KADOKAWA刊

## シャローム

聖書で使われる「平和」という言葉は、基本的に「シャローム」というヘブライ語です。これは西洋の部分的な平和の真逆で、総合的な非常に良い状態のことを意味する言葉です。また、東洋的に内的な状態だけでなく、世界との関わりにおいても包括的な良い状態を指します。

この「シャローム」は、実は現在でも挨拶の言葉として「平和がありますように!」というポジティブな表現として頻繁に使われる「平和」なのです。「こんにちは」のように、人と出会って初めに口にする言葉です。しかし、単なる挨拶ではなく、やはり「平和」という意味があるからこそ用いられているものなのです。

この挨拶としての「シャローム」が一連の話の流れの中で三回も使われている聖書の箇所があります。

それは、イエス様が十字架で死んだ後、三日目に復活して、お弟子さんたちと出会う場面です（ヨハネの福音書20章19〜30節）。話の流れを順を追って見ていきながら、三つのシャロームから、聖書が教える平和の三つの意味を解明してみたいと思います。

＊なお、ここで取り扱う新約聖書の原語ではギリシャ語の「エイレーネー」という言葉が使われますが、それは出来事を聖書に書き起こしたときにギリシャ語にしたわけで、実際のイエス様たちはヘブライ語の「シャローム」を使っていたわけですので、その点はご理解ください。
また、引用している新改訳聖書では「平安」と訳されていますが、「平和」と同じ意味で使われています。

①命の保証、存在の保証

その日、すなわち週の初めの日の夕方のことであった。弟子たちがいた所では、ユダヤ人を恐れて戸がしめてあったが、イエスが来られ、彼らの中に立って言われた。「平安（平和）があなたがたにあるように。」こう言ってイエスは、その手とわき腹を彼らに示された。弟子たちは、主を見て喜んだ。（19〜20節）

順に見ていきましょう。

その日、すなわち週の初めの日の夕方……

今で言うところの日曜日の夕方の出来事です。

ちなみにユダヤ人の一日のカウントの仕方は、一般的な日本人のそれと違います。私たちは普通、朝起きれば一日が始まると考えますが、聖書に基づくユダヤ的な「一日」のスタートは夕暮れからなのです。

聖書の最初にある『創世記』の始まりに神様が世界を造るようすが書いてありますが、そこには「夕があり、朝があった。第一日」というように「夕」をスタートに日を数えていることがわかります。そこからユダヤの一日は「夕暮れ」から始まり、次の夕暮れに終わるのです。

イエス・キリストが十字架にかかったのは金曜日の昼間でした。金曜の日暮れから始まる一日（私たちの感覚では実質土曜日）は、安息日と呼ばれ、一切の仕事をしてはならないと神様に定められていました。ですから、金曜日の午後に十字架で息を引き取ったイエス・キリストの遺体は、日が暮れる前に急いでお墓に葬られました。

そして安息日が終わって迎えた日曜日の朝、足かけ三日後に墓を見に行った弟子たちが最初の復活の目撃者となります。

余談ですが、皆さんはカレンダーを選ぶときに一週間の始まりの日で悩むことはありませんか？

実際に市販されているカレンダーの多くは「月曜」が週の初めの日となっています。それは、一般的に日曜は仕事が休みで、月曜からまた会社が始まる、というような人が多いからです。

しかし、この聖書箇所からもわかるとおり、クリスチャン的には「日曜」が週の初めの日という感覚のほうが強いのです。それは、日曜日をイエス・キリストの復活の日として喜び祝うことから一週間が始まるという意味があるからです。

本題に戻りましょう。

とにかく、その日、つまりイエス・キリストが復活した日の出来事です。

その日の朝に、女性の弟子たちが、安息日前にあわただしく墓に入れられたイエス様の遺体を、せめてきれいにしてあげようと香油などの道具を持って墓に行きました。そこで、彼女たちは復活したイエス・キリストの最初の目撃者となったのです。

しかし、彼女たちの証言を他の弟子たちはまるで信じませんでした。

そして、いよいよその日の夕方の出来事です。

弟子たちがいた所では、ユダヤ人を恐れて戸がしめてあった……

弟子たちはユダヤ人たちを恐れて閉じこもっていました。

なぜ恐れていたのかは明らかです。

それは、三日前に自分たちの教師であり、指導者であったイエス様が殺されてしまったからです。いつ自分たちも捕まって処刑されるかわかりません。処刑されないまでも、ひどい目にあわされるかもしれません。

そんな緊迫した状況の中で、彼らはとにかく息をひそめ、静かに隠れていたわけです。もちろん、ドアもきちんと閉めてありました。思わず江戸川コナン君でも登場しかねない、いわば、密室殺人が起きそうな状況でした。とにかく、普通には人は入って来られない状況でした。

しかし、そこに起きたのは殺人事件とはまるで逆の、死んだはずの人が生き返って突然登場という出来事でした！

イエスが来られ、彼らの中に立って言われた。「平安があなたがたにあるように。」

この「平安（平和）があなたがたにあるように」こそが、「シャローム」という挨拶の言葉です。イエス様は密室で恐怖に震えている弟子たちの前に、急にパッと現れて、普通に挨拶の言葉を言いました。

しかし、このあとを見ていけばわかるのですが、これは単なる挨拶の言葉ではありません。実はその言葉どおりの意味をイエス様は込めていました。

つまり「平和があなたがたにあるように」というメッセージです。

では、ここで語られている「平和（シャローム）」の一つ目の意味は何でしょうか。それは彼らの置かれた状況から見えてきます。

先ほど言ったとおり、彼らはこのときユダヤ人を恐れて閉じこもっていました。そこにイエス・キリストが来て「平和」と言ったのです。彼らが平和を失っていた原因は、外にいる他のユダヤ人たちに捕まったり、殺されたりするかもしれないという恐れでした。

確かに、外は危険でした。三日前に自分たちのリーダーが犯罪者扱いで処刑されました。外に出たら何をされるかわかりません。にもかかわらず、平和があるとイエス様は言うことができました。

その最大の理由が続きに書かれています。

こう言ってイエスは、その手とわき腹を彼らに示された。弟子たちは、主を見て喜んだ。

なぜ手とわき腹なのでしょうか。

もちろん、イエス様の手とわき腹の美しさに定評があったからではありません。手には十字架で釘を打たれた穴が開いていましたし、わき腹には死亡を確認するために槍をさされていたので傷跡が残っていました。その傷跡を見ることで、それが本当に復活したイエス・キリストであるということを示したかったのです。

「偽者じゃなくて、本当に三日前に死んだわたしだよ！　本当にわたしが生き返ったのだよ！」という証明をしたのです。


「死」を超えた命の約束。

これが、緊迫した状況で恐れる弟子たちに対して、「平和がある」とイエス様には言うことができた一つ目の理由でした。

命の危険は時代を問わず、私たち人間から「平和」を奪う大きな原因です。命が脅かされるときに平和はありません。当時の弟子たちにとっても、現在の私たちにとっても、それは変わらないことと思います。

一方で、私たちの生きているこの世界には命の危険があふれています。死があふれているとも言えるでしょう。なぜなら、人は必ず死ぬからです。自分や、近しい人でなくとも、世界のどこかで今も死は起きています。

人によっては、諦めて死を受け入れるということがあるかもしれませんが、諦めと平和は全く違うものです。

しかし、それでもイエス・キリストが「平和」と言うことができたのは、彼が一度死んだにもかかわらず、たった今、目の前に生きていることを証明したからです。死ぬことが存在の終わりではなく、その先に命があるということを、復活を通してイエス・キリストは示しました。これが、ここで語られている聖書のメッセージです。

他の聖書の箇所にはこう書かれています。

イエスは言われた。「わたしは、よみがえりです。いのちです。わたしを信じる者は、死んでも生きるのです。」（ヨハネの福音書11章25節）

聖書の教える「平和」の第一の意味は、「命の保証（存在の保証）」です。

②他者との関係の回復

続いて21～22節に出てくる二つ目の「平和」を見ていきましょう。

イエスはもう一度、彼らに言われた。「平安（平和）があなたがたにあるように。父がわたしを遣わしたように、わたしもあなたがたを遣わします。」（ヨハネの福音書20章21節）

早速、「シャローム（平和があるように）」が出てきます。「もう一度」とあることからも、これが単なる挨拶以上のものであることがよくわかります。

そして、今回の特徴はそれに続く言葉があるということです。「父がわたしをお遣わしになったように、わたしもあなたがたを遣わす。」

一つ目の「平和」は、引きこもっている弟子たちに「外を恐れるな、命（存在）は保証されている」というメッセージでした。

二つ目の「平和」では、さらに一歩進んで、「あなたがたを恐れていた外に遣わす」と言っています。つまり、恐れを抱いていた他者との関わりをうながしているのです。

これはなかなかに衝撃的な発言であると思います。

この日の夕方、まさに弟子たちは文字どおり身をかがめて隠れて過ごしていました。それは外の世界が恐ろしかったからです。その最大の理由である「命の危険」は、一つ目の「平和」で取り扱われました。しかし、「平和」を脅かす、もう一つの大きな問題が残っています。それは「外の人々（ここではユダヤ人）」への恐れです。

何しろ三日前にこの弟子たちは、世の人々の恐ろしさを目の当たりにしています。

イエス・キリストはもともと、みんなから嫌われていたわけではありません。むしろ、宗教指導者たちがねたむほど（第一章参照）、民衆から支持され、人気があったのです。

実際、イエス様がユダヤの人々にとっては首都であるエルサレムの町に入ってきたときは、多くの人が大歓迎をしました。

ところが、指導者たちの扇動によって、ある者たちは手のひらを返したように振る舞い、ある者たちは違和感を持ちながらも距離を置いて傍観したのです。

その結果、イエス・キリストはムチで打たれて、侮辱され、つばをかけられ、十字架で無実の罪で死刑執行です。

そんな人間の「敵意」や「裏切り」や「無関心」を目にしてしまえば、たとえ命が保証されていても、他者と関わるのは恐怖にならざるをえないでしょう。誰だって傷つきたくないし、ひどい目にあいたいとは思いません。

しかし、それでもなおイエス様は「平和」と言います。

その理由は続く言葉にあります。


そして、こう言われると、彼らに息を吹きかけて言われた。「聖霊を受けなさい。」

（同22節）


「聖霊」というのは、神様の霊であり、イエス・キリストの霊でもあります。

聖霊については、少し誤解がないように説明が必要だと思います。

霊という言葉が持つ日本語のニュアンスは、「幽霊」とか「心霊現象」とかに象徴されるような、曖昧な、そしておどろおどろしいものがありますが、そういうものとは全然違うものだと思ってください。

世界を造られ、人間を愛し、人ともなった神様本人のことを聖霊と呼んでいるのだと思ってください。霊という言葉のために、どうしても実体のないものをイメージしてしまいますが、聖書を通して人々に語りかけたり、働きかけたりし続けている人格のある神様が「聖霊」なのです。

つまり、イエス様は「わたしの霊である聖霊を与えるから、受け取りなさい。わたし自身の霊と共に生きなさい」と言っているのです。単に「霊的パワーを与えます」みたいな少年漫画的なことではなく、イエス・キリスト本人が一緒にいる、という約束が語られているのです。

「さあ、行け」というだけじゃない。「さあわたしと一緒に行こう」と言っていることに意味があります。

人は、他の人々との関係が壊れているときに「平和」を失います。敵意を向けられるとき、肉体的にではなくとも精神的に傷を受けます。ひどいときにはそれが命に関わる事態になるでしょう。

また、他の人々から裏切られたり、無視をされたりするとき、孤独を感じ、また自分を無価値に感じます。

敵意や孤独のような「他者との関係」に関する恐れに対して、最大の味方であり、裏切ることのないイエス・キリストが共にいる、ということは平和の源になります。

聖書の教える「平和」の二つ目の意味は、イエス・キリストが一緒にいる、という約束です。また、そのことを通して可能となる他者との関係の回復です。

③神との関係の回復

最後の「平和」の意味のポイントとなる24節以降を見ていきましょう。

日曜の夕方の出来事を通して、ほとんどの主要な弟子たちは復活のイエス・キリストに出会うことができました。しかし、不幸にもそのときに居合わせずに、その劇的な再会を体験していない弟子が一人いたのです。

十二弟子のひとりで、デドモと呼ばれるトマスは、イエスが来られたときに、彼らといっしょにいなかった。それで、ほかの弟子たちが彼に「私たちは主を見た」と言った。しかし、トマスは彼らに「私は、その手に釘の跡を見、私の指を釘のと

ころに差し入れ、また私の手をそのわきに差し入れてみなければ、決して信じません」と言った。（24〜25節）

現代ならばコンビニにでも行っていたのかと疑いますが、実際の理由はわかりません。とにかく弟子の一人のトマスはイエス様が来たときに一緒にいませんでした。それで、イエス様に会って喜んだ他の弟子たちが「わたしたちは主（＝イエス・キリスト）を見た」といっても、十字架刑の傷跡を見て、なおかつ触ってみなければ、「決して信じない」と言い出したのです。

「傷跡に触らなければ」というのは、かなり強烈な言い方です。私はスプラッタなものも含めてゾンビ映画が大好きなのですが、それはフィクションだから好きなのです。リアルに痛そうなのも痛いのも大嫌いです。ですから、私だったら傷跡を見るだけでも嫌ですが、傷の穴に手を入れなきゃ信じない、というのは、なかなかにぶっ飛んだ発想だと思います。トマスは、なぜにそこまで強烈に信じないと言うのでしょうか。それを知るには彼の性格や人柄を知ると少し納得がいきます。

聖書のほかの場面で出てくるトマスのようすを見てみますと、彼の人柄が伝わってきます。

たとえば、ラザロという人が死んで、イエス様が生き返らせるという出来事での話をしましょう。ラザロが亡くなったという一報を受けて、イエス様が少し時間をおいてから「さあ、彼のところへ行こう」と弟子たちに言うと、トマスが他の仲間たちにこういいます。

「わたしたちも行って、一緒に死のうではないか」

熱いけど意味がわからないセリフです（もちろん色んな解釈があります）。

おそらく、ラザロという弟子の死を知ってトマスは動揺し、さらにすぐには立ち上がらず時間をおいてから出発するイエス様を見て、勝手に何かしらの覚悟を受け取ってしまったトマスのテンパッた発言ではないかと思います。

何やら熱いけど、イエス様がやろうとすることを理解してない、どこか間抜けなセリフなのです。

彼は、イエス様に対して自分の人生をかけてこの先生に従っていこう、と熱く燃えていた人ではあったのだけど、まさか「神であり、命を扱えるような方だ」とはわかっていなかったんだということです。

別に相手が神様でなくても、すごく魅力的でカリスマ的な人間がいれば、必ずその人のまわりには「兄貴と呼ばせてください！」とか、「一生あなたについて行きます！」とか、「あなたのためなら死ねる！」とかいう人が出てくるものです。

トマスはそういう人だったのかもしれません。

でも、イエス様がまさか人を生き返らせるとは、信じるどころか、考えてもいませんでした。

さて、このようにトマスはイエス様に心底惚れ込んでいました。ところが、その彼がいないときにイエス様は他の仲間たちのもとに現れたのです。

となると、予想できる反応は二つあります。

一つは「なんで俺がいないときに来るんだよ！　俺のことはどうでもいいのかよ、先生！」という思い。つまり、ジェラシーのような、いじけたような気持ちです。

もう一つは、「いやいや、君たち、復活はさすがにないだろ、無理だろ。先生は素晴らしい方だったよ。でも、もう全部終わったんだよ……」という思い。他の弟子たちの証言に半信半疑だけど、ちょっと信じられないという気持ちです。

おそらく両方混じった気持ちだったのではないでしょうか。

そんな彼に奇跡が起こりました。

八日後に、弟子たちはまた室内におり、トマスも彼らといっしょにいた。戸が閉じられていたが、イエスが来て、彼らの中に立って「平安（平和）があなたがたにあるように」と言われた。（同26節）

再びイエス・キリストが来ました。今度はトマスもいます。そして三度目の「シャローム」、平和の挨拶です。

そしてトマスに向かってこう言います。

「あなたの指をここにつけて、わたしの手を見なさい。手を伸ばして、わたしのわきに差し入れなさい。信じない者にならないで、信じる者になりなさい。」（同27節）

イエス様はトマスが「指や手を傷跡に入れなきゃ信じない」と言ったことを知っていました。そして、そのままのことをやってよい、と言うのです。

それに対するトマスの反応はこうです。

　トマスは答えてイエスに言った。「私の主、私の神。」（同28節）

彼は「私の神」と言うようになりました。

「なんで俺がいないときなんだ！　俺は仲間はずれか！」というトマスの思いに対する、とても個人的な温かいイエス様のフォローがありました。それを通してトマスは、イエス・キリストと「私の」という信頼関係を回復しました。

また「いや、さすがに神は無理だろ。復活はないだろ」というトマスに対する有無を言わさぬ「ご本人登場」を通して、トマスは「神」と信じる者になりました。

そして最後のイエス・キリストの言葉はこうです。


　イエスは彼（トマス）に言われた。「あなたはわたしを見たから信じたのですか。見ずに信じる者は幸いです。」（同29節）

トマスはイエス・キリストを信じて平和を得ました。このイエス・キリスト、そして神様との関係の回復、これが三つ目の「平和」でした。

なお、「見ずに信じる者は幸い」というのは、トマスだけではなく、聖書の読者すべてへの信仰への招きの言葉です。


イエス・キリストとの、そして神様との関係の回復。それは、トマスの側からいえば、自分自身の価値の回復ということもできるかもしれません。

トマスは自分だけイエス様に会っていないということで、神様との関係を失い、自分自身に対しても価値を見いだせずにいじけていました。しかし、このことを通して「私の主。私の神」という個人的な神様との関係の回復を経験しました。全知全能の神との個人的な関係というのは、他人や外の世界がどうあれ揺らぐことのない、自分の価値を確認することができます。神様との関係の回復が平和につながるというのは、クリスチャンでない方には非常に不可解であると思いますが、聖書の教えとしては、まさに核心部分にあたるものなのです。

人との比較のみで自分の価値を測る場合、どうしても高慢か卑屈のどちらかに陥りやすいものです（相手より上か下か）。しかし、個人の価値を（人と比べての）相対的な評価にではなく、聖書における（創造主の）絶対的な評価に置くことで、自分自身の回復が起こります。

聖書には、ほかにもこう書いてあります。

彼らが神を知ろうとしたがらないので、神は彼らを良くない思いに引き渡され、そのため彼らは、してはならないことをするようになりました。（ローマ人への手紙一章28節）

簡単に言い換えれば、神様との関係が壊れているために、人は自分の価値を見いだせず、それが実際の行動や心の中の罪につながっていくのだ、ということです。まさに内面的にも外面的にも平和を失ってしまうということです。

聖書が教える「平和」の三つ目の意味は、創造主である神様との個人的な関係が回復した状態、ということです。そして、それはその人の存在の素晴らしい価値を確信するということでもあります。

## 聖書の教える平和

まとめてみますと、聖書の教える平和は、以下の三つです。

1. 命（存在）の保障が与えられた状態。
2. イエス・キリストが味方として共にいる状態。また、それによって可能になる他者との関係が回復した状態。
3. 神との個人的な関係が回復した状態。また、それによって自分の価値を積極的に認めた状態。

こうして見てみると、私は聖書の教える平和の鍵は、三つの関係性の回復ではないかと思います。それは、神様との関係の回復、他人との関係の回復、自分との関係の回復です。

ある意味では、関係性の崩壊こそが平和の崩壊の始まりなのかもしれません。人と人、国と国、そして聖書においては何よりもまず神と人との関係の回復こそが、平和の条件であるということができるでしょう。

## 聖書の平和と平和主義

ここまで挙げてきたのは、あくまで聖書の「平和」ですから、もちろん読者の皆さんそれぞれの考え方とは違うこともあります。

その上で、この聖書の「平和」がキリスト教会の掲げる平和主義の根底にあるということを知っていただくのは、とても大切なことだと思います。平和は関係性の回復であると話しましたが、互いの恐れをなくして、理解を深めていくことが平和の第一歩であると思います。クリスチャンの考え方もこうして知っていただきたいと思いますし、また皆さんの「平和」の考え方の一助になれば幸いです。

# 第三章　独りよがりな正義の味方（正義の戦争）

二つ目に取り扱うクリスチャンの戦争に対する立場は「正義の戦争主義」です。正義の戦争主義とは、ざっくりいえば「正義のための戦争はやむをえない（もしくはやらねばならぬ）」という考え方です。詳しく見ていきましょう。

## 右の頬を打たれたのは誰か？

平和主義の土台にある聖書の言葉は「殺してはならない」と「敵を愛しなさい」でした。そして、敵を愛することに関して、さらにイエス・キリストが「あなたの右の頬を打つような者には、左の頬も向けなさい」と言われたことを第一章で取り上げました。しかし、正義の戦争主義も、この箇所を土台に考えることができます。

イエス・キリストの言葉をあらためて見てみますと、「『あなたの』右の頰を打つような者には」と言っています。「あなた」が頰を打たれたなら、それを受け入れ、左の頰も向けなさい、という意味であるならば、叩かれたのが「あなた」でない場合はどうなるでしょう？

平和主義への問いかけとして、すでに「あなたの家族や大切な人が誰かに傷つけられたり、殺されたりしそうなときに、力をもって抵抗しなくてよいのか」というものを投げかけました。まさに、その問いへの応答の一つの形に正義の戦争主義があります。

「あなた」は叩かれても耐えるかもしれない。しかし、弱い立場の人が叩かれているのを黙って見ていることが「正義」なのでしょうか。いや、そのときは相手を打ってでも守ることこそが、神様に従う者の愛であり、正義ではありませんか。「殺してはならない」と言うけれども、弱い者が「殺される」ことを見過ごすのも広い意味では同じではないでしょうか。神様は「正義」の方であるのだから、時に力をもって「悪」を打つこともあってしかるべきではないですか。

このような問いかけにどう応えるのか。それが正義の戦争主義のスタート地点です。

## 善いサマリア人

「愛する」ということは言葉だけでは価値のないものです。実際、イエス・キリストの愛は敵を赦すために十字架にかかるという、実に具体的な行動を通して最もよく表されました。口だけではなく、行動を伴う愛でなければ何の意味があるでしょうか。このことに関して、イエス様がある一つのたとえ話をしています。「善いサマリア人」と呼ばれるたとえ話です。

簡単に話の内容を説明しましょう。

ある日、一人のユダヤ人の男性が大きな町に向かって旅をしていました。ところが、その途上で強盗に出会ってしまったのです。強盗たちは彼をボッコボコにし、身ぐるみ剝いで、金目のものを全部奪い、傷だらけの半殺し状態で置き去りにしました。

そこに人が通りかかります。最初に来たのは神殿で神様に仕える祭司でしたが、ぼろ雑巾のように転がった彼を見ると「君子危うきに近寄らず」とばかりに見ないフリをして、道の向こう側を通って去っていきました。

次にその道を通ったのは、レビ族と呼ばれる、やはり神様に仕えるのが専門の部族に属する人でした。しかし、彼も倒れた男性を見て、そそくさと逃げるように離れていきました。最後に通りかかったのは、サマリア人と呼ばれる民族の人でした。サマリア人とユダヤ人の仲は最悪です。近いルーツを持っているけれども似て非なる民族ということで、ちょっと異常なくらいお互いを意識して嫌い合っていました。

そんなサマリア人の彼は、倒れたユダヤ人の男性を見て驚き、「なんてかわいそうに！」と急いで駆け寄って応急手当をしてあげました。そして、連れてきたロバに傷ついた人を乗せ、次の町まで行くと宿屋に彼を預けました。宿の主人には「どうか手当てをしてやってください。費用は出しますし、足りなかったらあとでまた払います」と言って、旅を続けていきました。

このたとえ話は、「隣人を愛する」と聖書に書いてあるけれども、その「隣人」とは誰ですか、という問いかけに対してイエス様が語ったものです。そして、話し終えたあとでイエス様は聞きました。

「誰がこの傷ついた人の隣人になったか？」

もちろん、答えは最後のサマリア人です。そして「行って、あなたも同じようにしなさい」と、最後にイエス様は教えました。

このサマリア人は愛することを実行しました。普段は神に仕えている祭司もレビ族も、「隣人を愛する」という言葉を知っていたはずですが、実行はしませんでした。また、サマリア人にとってユダヤ人は敵であったはずですが、強盗に暴力をふるわれて傷ついた姿を見て、迷わず助けました。傷ついた者、弱った者を具体的に助けることを、イエス・キリストは「愛する」ということの一例として、ここで示しているのです。

さて、敵でさえ愛し、助けることをイエス・キリストは教えているのに、たとえば正当な理由もなく暴力にさらされている人を守る力があるのに使わないとしたら、それは愛であると言えるでしょうか。

次のようにも書かれています。

もし、兄弟また姉妹のだれかが、着る物がなく、また、毎日の食べ物にもこと欠いているようなときに、あなたがたのうちだれかが、その人たちに、「安心して行きなさい。暖かになり、十分に食べなさい」と言っても、もしからだに必要な物を与えないなら、何の役に立つでしょう。（ヤコブの手紙2章15〜16節）

この論理で考えれば、一般市民や子どもたちが侵略や暴政に苦しんでいるなら、それを助けなかったら何の意味があるでしょう……という話になってきます。具体的な助けとして武力を使わなければならないのならば、戦争も、それが「正義」のためならばやむをえません。あるいは積極的に行使しなければならないとすら言えるかもしれません。これが正義の戦争の考え方です。

## 皇帝と幻

キリスト教会の歴史上で、正義の戦争主義が登場した背景を紹介しましょう。すでに書いたように、イエス・キリストの姿にならって平和主義を貫くのが、クリスチャンたちの当初の姿でした。しかし、西暦三一二年を節目に違う流れが生まれてきます。

この西暦三一二年は「戦争と平和」という問題に限らず、キリスト教会の歴史全体にとっても非常に大きなターニングポイントでした。おそらく、学校の勉強などで歴史が好きだった人、特に世界史好きな人は、翌三一三年に出された「ミラノ勅令」との関わりで、「あれね！」と思うかもしれません。

西暦三一二年、時のローマ皇帝コンスタンティヌスがキリスト教信仰を表明し、クリスチャンとなったのです。

少し詳しく、順を追って話しましょう。

初代教会の時代から、激しい迫害にもかかわらずクリスチャンの数は増えていきました。いえ、むしろ多くの殉教者（信仰を持っているために迫害されて殺される人）の存在や、命がけで信仰を貫こうとするクリスチャンたちの姿は、相当なインパクトを人々に与えていました。初めはユダヤ人たちからの迫害、そしてその後は大帝国であるローマによる迫害が長く続いても、クリスチャンの数は減るどころか、その勢いを増して増えていきました。少しずつ、ローマ帝国の中にクリスチャンの信仰が、そしてキリスト教会が根をはっていきました。

　また、そうしてキリスト教会が成長していくと、いつの時代もそうなのですが、「異端」と呼ばれる本来の信仰に反する教えを広める人たちが出てきます。その結果、キリスト教会では「教理」と呼ばれる、本来の信仰はどういうものなのかを整理したものが必要となってきました。「教父」と呼ばれる初期の教会のリーダーであった人たちが、異端をはじめとして次々に出てくる信仰に関する問題に応えながら、少しずつ「教理」がまとまっていきました。

　こうしてキリスト教会が量的にも質的にも整ってきた中で、西暦三一二年を迎えます。キリスト教会が成長する一方で、かつての圧倒的な力を誇っていたローマ帝国は分裂・内紛の混迷期を迎えていました。この年、コンスタンティヌス一世は政治的な敵との戦いに勝利した帰り道、ティベル川にかかるミルヴィアン橋で幻を目にしたと伝えられています。それは光輝く十字架であり、同時に「お前はこれによって勝利しなさい」という神の声を聞きました。そして、十字架を旗印にして挑んだ戦いで見事に勝利をおさめたのです。この出来事を通して、彼は回心してクリスチャンとなりました。

　翌三一三年にミラノ勅令という「キリスト教を公認する」おふれが出ました。

　その後、コンスタンティヌス一世は内紛状態だったローマ帝国を再統一し、「大帝」と呼ばれるようになります。史上初めてのクリスチャン皇帝というだけでも大変なことですが、さらに彼が「大帝」となったことで、キリスト教会の環境は全く変わってしまいました。彼はクリスチャンが礼拝をする日曜日を休日とする法令や、キリスト教会の聖職者たちを優遇する法令を立て続けに出していきます。

先ほど述べたキリスト教の象徴である「十字架」とローマ帝国の象徴である「剣」の幻を見た、ということを当時の神学者は重視しました。そして、教会と帝国の融合というイメージが生まれてきたのです。こうして、ローマ帝国は「キリスト教国」に、キリスト教は「ローマ帝国の宗教」へと変貌していくのです。

もちろん、その変化の流れは軍隊にも大きな影響を与えました。皮肉なことですが、これまでは兵士たちは「皇帝は神だ」と崇拝することで帝国に忠誠を示してきました。ところが、このときを境にその皇帝自身が「人や物を神としてはならない」（十戒などを参照）と偶像礼拝を禁じ始めたのです。

そうなると当然のことながら、戦争を指揮する皇帝もクリスチャン、軍隊の兵士たちもクリスチャン、戦争を支持する民衆もクリスチャン、ということになってきます。平和主義の「絶対に戦争をしてはならない」という姿勢と、どうあがいても両立できなくなります。

そんな社会の変化に呼応するかのように、いよいよ「正義の戦争」という考え方が登場してきます。

十字架と剣の融合、この象徴的なコンスタンティヌス大帝の時から始まる「ローマ帝国のキリスト教」の中から「正義の戦争」主義は生まれてきました。

## 二人の神学者

とはいえ、単に歴史の流れに流されて正義の戦争主義があるわけではありません。この章の初めに書いたように、正義の戦争主義の土台となる考え方も急ごしらえではなく、教会の歴史の中で何度も吟味され、取り扱われてきています。

キリスト教国家となったローマ帝国に、満を持して神学者アウグスティヌス（三四五—四三〇年）が登場します。この人物もなかなかキャラの立った面白い人で、お母さんが信仰熱心なクリスチャンだったのですが、当初は反発してか不良少年～不良中年の生き方をしていました。しかし、やがて自分の罪を深く悔い改めてイエス・キリストを信じるようになります。そこから、彼は聖書と信仰について全部を整理した「神学」の土台を築く活躍をする神学者になっていきました。現代の神学に至るまで多大な影響を及ぼしてきた人物です。

そのアウグスティヌスがまとめた神学の中に「正義の戦争」の土台もありました。

彼の考え方の土台には、目指すべき理想の「神の国」と、現実の問題がいっぱいある「人の世」という二つの世界観がありました。

そこで、「戦争はよくない」というのが前提なのですが、「人の世」はいつも悪いところがあって、人間の罪は神様には赦されるけれども、地上で全くなくなることはないのだから、地上の正義を守るための戦争はやむをえない、という「正義の戦争」主義がでてきました。

それまでの教会は、軍隊内で皇帝を神として崇拝されることが強要されていましたので、クリスチャンが兵士となること自体が否定されていました。しかし、コンスタンティヌス大帝の後は、当然のことながら皇帝崇拝はなくなりましたので、兵士になることの大きな障壁が一つなくなりました。先ほども書いたように、むしろ急速に軍隊の中のクリスチャンの比率は増えたはずです。

そのような状況の中で、アウグスティヌスは兵士について書かれた次の聖書の言葉を取り上げて、クリスチャンが兵士となることを肯定します。

兵士たちも、彼に尋ねて言った。「私たちはどうすればよいのでしょうか。」ヨハネは言った。「だれからも、力ずくで金をゆすったり、無実の者を責めたりしてはいけません。自分の給料で満足しなさい。」（ルカの福音書3章14節）

これは、イエス・キリストの前に登場して、救い主としてイエス様が働きを始めるための民衆の信仰的な前準備をする役割を担った「洗礼者ヨハネ」という人物が、罪を悔い改めに来た兵士と会話を交わす場面です。ヨハネは兵士が不正を働かないようにと言っただけで、その仕事をやめるようには言いませんでした。この箇所から、アウグスティヌスは兵士になることそのものは悪くないとします。

ほかにも、兵士との関わりでいえば、イエス・キリスト自身もローマ帝国の百人隊長の信仰をほめたことがあります。百人隊長はもちろん軍人であり、外国人でありましたが、彼がイエス様を「治れ」という一言で病を癒すことができる「神」であると信じていたので、その信仰を見て彼の部下の兵士の病気を癒しました。そして彼の信仰をほめたのです。この出来事の中心は、信仰とは何かということですから、兵士という職業の良し悪しについては何も述べてはいません。しかし、逆に言えば、イエス様は兵士であるという理由でこの百人隊長を退けることはなかったわけです（ルカ7章）。

ちなみに、アウグスティヌスが若者あてに書いた手紙の中で「誰でも軍隊に参加することによって神を喜ばせることができないと思ってはならない」と述べている資料も残っています。ここからもアウグスティヌスが軍隊におけるクリスチャンの存在を擁護していた姿が見てとれます。

アウグスティヌス以降、現代に至るまで、この「正義の戦争主義」はキリスト教会の主流にあり続けました。とはいえ、平和主義ととって代わったわけではありません。平和主義もキリスト教会の中に、あるいはクリスチャンの立場として時代を超えて今に至るまで、ずっとあり続けました。

平和主義は「戦争を認めない」というシンプルな姿勢です。そして、その土台となる考え方もキリストに倣ってということに尽きます。

その一方でアウグスティヌスに始まる正義の戦争主義には、その後も様々なバリエーションや議論が出てきます。その中で歴史的に重要なもう一人の神学者がトマス・アクィナスです。中世（十三世紀）に『神学大全』という、文字どおり神学を体系的にまとめた大著を著した人物で、戦争に関しても書いています。特に彼は「正義の基準」というコンセプトを確立しました。基本的にはアウグスティヌスと同じく戦争を「必要悪」とみなしますが、それが許可されるためにトマス・アクィナスは「正義と認められる基準」を三つ挙げたのです。具体的には次のとおり。

**「正義の戦争」の基準**

①個人ではなく正当な権威者（統治者）によって行われる。

個人的なうらみや、野心によって戦争が起こされてはいけないということです。「国家」のような組織の正当な権威者（たとえば皇帝や議会）によってなされることが「正義の戦争」とされる条件となります。

②正当な理由があること

そもそも、トマス・アクィナスは戦争を「必要悪（できれば無いほうがよいもの）」と考えていますから、前提として侵略戦争をしかけるという考えはありません。攻撃を受けたときの防衛のための戦争のように、正当な理由があることが条件です。

③正しい意図があり、目標があること。

今まで繰り返し出てきた「敵を愛しなさい」という聖書の教えを無視したところで正義の戦争を考えるわけにはいきません。ですから、「憎い相手を叩きつぶす」という意図や、「敵を滅ぼす」という目標ではなく、最終的に赦しと和解が目標とならなければ正義の戦争としての基準を満たすことができません。

以上のような「基準」が提示されたことで、これ以降、正義の戦争主義は「戦争そのものの良し悪し」ではなく、「基準」をどうするか、言い換えれば「どう戦争を正義と認めるか」を議論の焦点に置くようになっていきます。

特に時代があとになるにつれて、むしろ正義の戦争は「必要悪」どころか、むしろ積極的な「正義」であるという姿勢が強くなっていきます。二つの世界大戦を経て、現在は必ずしも「積極的な」正義の戦争主義が大多数から支持されているとは言えませんが、基本的には戦争も時としてやむをえないという「消極的な」正義の戦争主義であるクリスチャンは、世界的には非常に多くいます。

## 正義の戦争のポイント

ここまで、正義の戦争主義の基本的な考え方と、歴史的な背景や発展を見てきました。
そこで、次は正義の戦争主義をより深く見ていくための二つのポイントに目を向けていきたいと思います。

一つは、聖書は「世の権威をどうとらえるか」ということ。

もう一つは戦争を正義とするために「制限をいかにかけるか」あるいは「どんなルールを設けるか」ということについてです。

また、その中で「独りよがりな正義の味方」という本書のタイトルにも出てくる、正義の戦争主義者へ投げかけられる課題についても考えていきましょう。

## 正義の味方は剣を帯びる

それは、彼（権威者・支配者）があなたに益を与えるための、神のしもべだからです。しかし、もしあなたが悪を行うなら、恐れなければなりません。彼は無意味に剣を帯びてはいないからです。彼は神のしもべであって、悪を行う人には怒りをもって報います。(ローマ人への手紙13章4節)

これが正義の戦争を考える上で、最もよく取り上げられる聖書の言葉です。キーワードは「権威者」と「剣」の二つです。

すでに述べたように、正義の戦争主義においては、戦争が「正義」のために行われているということが重要になってきます。先ほど取り上げた中世の神学者トマス・アクィナスが「正義」を判定するための基準を設けたのも、「正義の戦争」が「正義」であると人々に納得させるために必要不可欠なものであるからです。

その最初の一つが、「個人ではなく正当な権威者(統治者)によって行われる」というものでした。

個人のうらみや野心によらず、国や社会を守るために、その責任者である権威ある人や政府が力(すなわち「剣」)を持って敵に対するという場合のみ、戦争が「許される」と考えます。その土台になるのが、この聖書の言葉になります。

この「ローマ人への手紙」の13章は、クリスチャンが生活の中でキリストに従う者としてどのようにすればふさわしいかということを、様々な面から教えている内容となっています。特に今挙げた「権威者（支配者）」に関するところは、一般的な「権威」をどう受けとめればよいのかということについて書かれています。

クリスチャンにとって最も従うべき相手は、もちろん神様（イエス様）ということになります。では、世界の創造主である神様に従うのだから、地上の権威（王、皇帝、政府など）には従わなくてよいのか、どう考えたらよいのか、ということが次に気になるわけです。とりわけこの聖書の言葉が書かれた時期は、まだ「キリスト教国でない」ローマ帝国が支配者の時代ですから、ここで言っている「権威者」はローマ皇帝やその部下たちであり、もちろんクリスチャンではない人々（聖書の神様の権威を認めていない人々）なのです。そこで、どう考えるべきか悩む初期の教会の人々に語られた聖書の言葉が、先に読んだとおり「権威者は、あなたに善を行わせるために、神に仕える者なのです」というものです。

この言葉に先立つ13章1節にはこうも書かれています。

人はみな、上に立つ権威に従うべきです。神によらない権威はなく、存在している権威はすべて、神によって立てられたものです。

王であれ、皇帝であれ、政府であれ、どのような形態の権威にしても、すべての権威は神様によるものであると聖書は教えています。だからこそ、正義の戦争が「正義」として認められるには、個人によるのではなく、神様の立てた「権威」によってなされなければならないのです。逆に言えば、その権威によってなされれば、神様にも認めてもらえる「正義」と言えるという論理がここにあります。

さらに、先に挙げた聖書の言葉には、権威者は「神に仕える者として、悪を行う者に怒りをもって報いる」ために剣を帯びているとありました。神様は正義の神様ですから、悪を裁くこともあるわけですが、そのために権威者がいるというわけです。いわば今でいう「警察」のような役割のことを語っていると考えてよいと思います。

そして、これをそのまま戦争に適用した考え方が正義の戦争主義となります。

たとえば、ある国が自分の国の民衆や他の国に対して悪を行っているとして、それを正義の神様の立てられた正義の権威者と自らを見なして剣を持って報いるという発想です。

しかし、この考え方には「独りよがりな正義の味方」と呼ばれる危険性が大いにあります。

いくつか問題点を挙げてみましょう。

まず、先ほど挙げた権威に関して書かれた聖書の言葉のもともとの意図としては、ローマ帝国という国内において、クリスチャンではない権威に対しても、（神様の権威から逸脱しない限りは）従うべきであるということを教えているものでした。ですから、聖書の指針から外れない限りは、その国の法にのっとって警察のように悪を止めたり、捕まえたりする力を権威者は与えられているし、クリスチャンも当然それに従うべきであるという話です。

ところが、ここでは国内の警察的な役割の話だったものが、いつのまにかその枠を超えた戦争の話に適用されてしまっているという問題があります。

もし、地球規模で国際的に誰もが認める権威があるのならば、その権威によって警察の役割を果たすような力があってもおかしくありませんし、この聖書の言葉もそのように広く理解することはできるかもしれません。

たとえば（あくまでたとえばです）、ある国が「世界の警察」のような役割を自発的に担ったとしましょう。その場合、その国が世界の「権威者」である必要があります。しかし、現時点で様々な面で影響力の大きい働きをしている国があるのは確かですが、特定の国を世界が認めた「権威」とまで言える状況だとは誰も思っていないのが実際のところでしょう。そうなると、どこかの国が軍事的な力を「世界の警察」として使うと言ったとしても、それは権威が認められない限り警察とは認められないわけです。

まさに、迷惑な「独りよがりな正義の味方」となってしまいます。

## ノーモア天誅

次に「天誅」という考え方になる危うさという問題があります。

江戸時代末期に、外国の圧力を強く感じ始めた武士たちが、外国人や開国をしようと考える人々に対して、「天誅」すなわち「天に代わっておしおきよ」という考え方で襲撃や陰謀を仕掛けることが続いた時期がありました。そこには「天は開国しないのが正しいと考えているに違いない」という、危うい独りよがりな正義があることは否めません。

「権威者」は神様によって立てられたものではありますが、それこそ神様の与えた法や教えにのっとって悪に報いればよいのですが、各自の正義をあたかも「神の正義」と考えてしまう危険性がいつでもあるわけです（これは後ほど紹介する「聖戦主義」につながります）。

権威者が、その上に真の権威である神がおられる、というくらいの謙遜さを持った存在であればよいですが、「神から与えられた権威」ではなく、「神のごとき権威」を持っていると考えてしまえば、「独りよがりな正義の味方」の誕生です。

実は今扱っている聖書の箇所には前後して、「独りよがりな正義の味方」とは真逆の、あるべきクリスチャンの姿が書かれています。

愛する人たち。自分で復讐してはいけません。神の怒りに任せなさい。それは、こう書いてあるからです。「復讐はわたしのすることである。わたしが報いをする、と主は言われる。」もしあなたの敵が飢えたなら、彼に食べさせなさい。渇いたなら、飲ませなさい。そうすることによって、あなたは彼の頭に燃える炭火を積むことになるのです。悪に負けてはいけません。かえって、善をもって悪に打ち勝ちなさい。

（ローマ人への手紙12章19～21節　＊先ほどの箇所の直前）

法と秩序を守るための警察のような役割は確かに必要で重要なものですが、それ以上のものは天誅ではなく神の怒りに任せ、人間はそれぞれ善をもって悪に勝つことが勧められています。

「姦淫するな、殺すな、盗むな、むさぼるな」という戒め、またほかにどんな戒めがあっても、それらは、「あなたの隣人をあなた自身のように愛せよ」ということばの中に要約されているからです。愛は隣人に対して害を与えません。それゆえ、愛は律法を全うします。（同13章9〜10節　＊先ほどの箇所の直後）

キリストの愛と「殺す」という行為を両立させるのは非常に難しいことでしょう。国によって「警察」と「軍隊」の違いに差がありますので、ある国においては警察も、相手が銃器などで武装している可能性が高ければ「殺す」ということが選択肢に含まれることがあるでしょう。しかし、それにしても法で取り締まる「警察」と「軍隊」には大きな違いがあります。特に日本の警察は基本的な選択肢に「殺す」ということはありませんから、「殺す」ということが必ず含まれる軍隊、そして戦争ということを考えるときに、正義の戦争主義をとるクリスチャンは、キリストの愛と「殺す」ということの間にある矛盾について、きちんとした答えを持つべきです。

長々と書きましたが、いずれにせよ見えてくる最大の問題点は、自分に正義があると考えるとき、まわりからはとても迷惑な「独りよがりな正義の味方」が生まれえるということです。

はたして、本当に「正義」を人が決めることはできるのか。

また、報いを受けるべき「悪」とは何なのか。

それが曖昧なままでは「独りよがりな正義の味方」と呼ばれるでしょうし、また呼ばれても構わないという決意も土台のないものとなってしまうでしょう。

## 剣を向ける相手とは

もう一つのキーワードである、権威者に与えられた「剣」についても考えてみましょう。

聖書に出てくる「剣」は、実際的な「力」の象徴として用いられています。それは、その言葉の用いられる状況によって、軍事力のこともあれば、暴力のこともあり、また今回の権威者のくだりで出てくるように警察的な武力の場合もあります。

権威者が、法を破り秩序を乱す者に対して、それに報いるために「剣」を帯びていることが語られていました。そういう意味では、実際的な力としての「剣」の必要性というのは、すべての人が罪人であると聖書が教えている以上、なくなることはないのかもしれません。その一方で、戦争の軍事力や、暴力として用いられる「剣」という言葉を聖書から見ていきますと、また違った面が見えてきます。

するとイエスといっしょにいた者のひとりが、手を伸ばして剣を抜き、大祭司のしもべに撃ってかかり、その耳を切り落とした。そのとき、イエスは彼に言われた。「剣をもとに納めなさい。剣を取る者はみな剣で滅びます。」（マタイの福音書26章51〜52節）

イエス様が十字架にかかる前の晩、大祭司の手下たちがイエス様を捕えにやってきました。そこに居合わせた弟子の一人が、その手下の一人の耳を切ってしまいます。ほかの福音書を見てみますと、切りかかったのは使徒ペテロで、イエス様は切られた相手の耳を治してあげたことが書かれています。

それはさておき、大切なのはイエス様が剣をおさめさせて言った言葉です。

「剣を取る者は皆、剣で滅びる。」

色々な受け取り方はできますが、やはり一番シンプルに考えれば、武力や暴力を用いて相手に対すれば、同じようにそれによって相手にやられるということでしょう。

剣で打ちかかったペテロの行動は、悪意によるものではなく、むしろとっさの自衛的なものだったと言っていいでしょう。しかし、イエス様はそれを控えさせて、剣を取ることの危険を話しました。すでに平和主義のところで繰り返し話してきたとおり、イエス様は徹底して、力によって戦うことをしません。もちろんペテロを止めはしましたが、責めたり罰したりはしませんでしたから、どうしても力に頼らざるをえない人の弱さを認めてくださってはおられます。そして、その結果の切られた耳を元に戻すということをイエス様がしてくれたことは、関係を回復する方としてのイエス様の姿をよく表していると思います。

やはり、目指すべきイエス様の姿は剣にたらない姿なのは確かでしょう。アウグスティヌスもトマス・アクィナスも「必要悪」としての戦争をどう考えるかに挑みましたが、聖書の価値観として、「積極的に」戦争を正義として支持することは難しいでしょう。

ⓒ幸村誠／講談社

ヴィンランド・サガというマンガがあります。

いわゆるヴァイキングと呼ばれるデーン人たちの時代を描いたものです。主人公のトルフィンの少年時代から物語は始まります。その少年期を描いた中で印象的なシーンがあります。

戦って死ぬことで天国（ヴァルハラ）に行けるというヴァイキングの価値観に憧れ、剣に手を出そうとするトルフィンに、最も優れた戦士でありながら戦争から身を引いた父親であるトールズがそれを戒める場面です。

少年らしい憧れで剣を求めるトルフィンに、剣が敵を生み出すことを教える

トールズの姿があります。

やがて物語が進み、戦いに巻き込まれたトールズは、トルフィンを守るために自分の命を差し出すことになります。そこでトールズは剣を捨てて言います。

「本当の戦士には剣など要らぬ。」

結局のところ、トールズは剣を持たずに命を落とし、トルフィンはこの後、若者期を復讐に燃えた戦士として過ごすことになります。

ここにはまさに、剣のもたらす滅びと、しかし一方で、それを持たないときの死が同時に描かれています。

本当の力とは何か。剣とは自分にとって、いったい何なのか。誰に向けようとしているのか。自分は剣とどう向き合うのか。トルフィンにトールズが問いかけた言葉は、そのまま平和と戦争を考える一人ひとりに向けられる問いとなるでしょう。
あなたはどう考えるでしょうか。

## 正しくあるための基準

さて、続いてもう一つのポイントである、戦争を正義とするために、どんなルールを考えるのか、ということに目を向けましょう。

敵を愛し、敵のために祈るイエス・キリストの姿にならうのがクリスチャンですから、正義の戦争主義においても、この点を無視するわけにはいきません。何よりも神様ご自身が、敵だと思っている相手をも愛しているわけですから、その相手を戒める正義の戦いにおいても、やり方に正当な「基準」を設けるべきであると考えます。平たく言えば、正義のルールを守って戦おうということです。

トマス・アクィナスが基本となる三つの「基準」を挙げてから、その後の正義の戦争主義の議論の中心はその「基準」になりました。キリスト教会の歴史を通して、多くの人々がこの「基準」について考えてきた結果、トマス・アクィナスの三つのほかに様々な「基準」が挙げられてきました。

現在の学者さんたちの意見を見ても、まとめ方は本当に人それぞれです。ですから「最新版の基準はこれです」と提示するのは無理がありますので、私なりに多くの人が挙げている基準だけをまとめてみると、結局のところトマス・アクィナスが挙げた三つのほかは基本的に「戦争の正しいやり方」ということを加えるだけだと言えます。

## 戦争の正しいやり方

「正義の戦争」というからには、何でもありの残虐ファイトではなく、ルールにのっとって堂々とやりましょうということのようで、多くの学者さんたちに共通して言われているのは、およそ以下の四つのことです。

①最後の手段として始めること

面倒だということで、いきなり戦争という手段を選んだり、先に大きな被害を受けたのでカッとなってすぐに戦争というのも、よろしくないということですね。戦争以外の他の解決手段をやり尽くした上で始めることが、正しい戦争のやり方の第一歩だといいます。

②宣戦布告をすること

不意打ちとかはいけないわけです。急に侵攻してからあとで言うのはダメだということです。宣戦布告をした上で、相手も折れる気がないとわかったら始めるのが、正しい戦争のやり方だということです。

③民間人を攻撃しないこと

では、兵士と民間人の区別はどうやってつけるのか、など色々と深い議論があるようです。

④非人道的な兵器を使用しないこと

よく言われるのは「核」と「ガス（化学）兵器」、そして「地雷」です。

核は言うまでもありません。ガス兵器や地雷なども、その場での被害もさることながら、後々まで大きな悪影響を人と土地に残すことになります。

ほかにも様々な「正しいやり方」の議論がありますが、紹介するにはきりがないのでここまでにします。連想された方もいると思いますが、第二次世界大戦ではいずれの基準を見てみても「正しいやり方」ではなかったことがわかります。そういう意味での反省として、現在のこういった議論があるとも言えますし、悲観的に見れば、基準はいとも簡単に破られるという証拠でもあると言えるでしょう。

日本の場合も、加害の立場でも、被害の立場でも、「正しいやり方」を破っていた（破られていた）ということになるでしょうが、同時に「正しいやり方」を守っていればよかったのかと言われれば、それ以前の問題を本書は扱っているということになると思います。

また、カトリックも含め、世界のキリスト教会を見渡してみても、国全体に被害を与え、桁違いの犠牲者を出した世界大戦を二つ経てきたことで、繰り返しになりますが「積極的な」正義の戦争主義に大きな疑問を持つようになっています。とはいえ、「消極的な」、つまり場合によっては仕方がないという、正義の戦争主義は、やはり根強く多くのクリスチャンに支持されています。

## 正義の戦争主義者への問い

ネット上では「ドラゲナイ」として話題になった SEKAI NO OWARI の『Dragon Night』という歌の詞にこうあります。

人はそれぞれ「正義」があって
争い合うのは仕方ないのかも知れない
だけど僕の嫌いな「彼」も彼なりの理由があるとおもうんだ

人はそれぞれ「正義」があって
争い合うのは仕方ないのかも知れない
だけど僕の正義がきっと彼を傷つけていたんだね

一九一四年のクリスマスに、第一次世界大戦でにらみ合っていた、イギリス軍とドイツ軍の奇跡的な一日だけの休戦（いわゆるクリスマス休戦と呼ばれる出来事）にヒントを得て作られた曲だそうです。

それはさておき、おそらく「正義」ということの曖昧さや難しさは、作詞者Fukase氏の中で一つのポイントなのかもしれません。同じ彼らの歌に『ＲＰＧ』という曲がありますが、そのプロモーションビデオの中で、一瞬、Ｔシャツにプロジェクトされた「セイギ」という字が「ギセイ」に変わるというシーンが出てきます。これもまた正義の多面性を示唆しているのかもしれません。そして、この『Dragon Night』の中ではより明らかに、「正義」が人によって違うという点が歌詞に織り込まれています。

正義の戦争主義への問いはこうです。

正義とは何ですか。また、あなたの正義だけが正義だとなぜ言えるのですか？

# 第四章　聖書の教える「正義」

「正義の戦争」を考える上で、避けて通れない問題は「正義とは何か」ということだと見てきました。正義は人によって違うのではないか。誰が正義を決めるのか。

この章では、聖書で語られる「正義」の考え方を見ていきたいと思います。

## 「愛と正義」

「聖書の神様は旧約聖書と新約聖書では別人のようだ」と感想を述べる方がいます。新約聖書のイエス・キリストはずいぶん優しい感じなのに、旧約聖書の神様は容赦のない裁きを人間に下す恐ろしい鬼のように見える、というわけです。

まるでジキルとハイドのように、二重人格なのでしょうか。あるいは、全く別の神様をクリスチャンはうっかり同じ神様だと思い込んだのでしょうか。いえいえ、どちらも違います。実はよくよく聖書を読んでみれば、そこには一貫した神様の姿が描かれています。

そのキーワードは「愛と正義」です。


とはいえ、まずは感想を述べることができるほど聖書を続けて読んだことのある人には、私は惜しみない拍手を送りたいと思います。

聖書に興味を持って読んでみようとしても、まずその分厚さから挫折する人があとを絶ちません。無理もありません、硬い表装の大型聖書なら十分に凶器になるほどです。

しかし、それでも世界一のベストセラー、本の中の本、ということでチャレンジする方も多くあります。そうしますと、今度は内容がわからなくて挫折するという場合が多いでしょう。特に、一般的に手に入る聖書はたいてい最初に「旧約聖書」、後に「新約聖書」と並んでいますから、最初から読もうとすれば旧約聖書をまず読むことになります。

聖書を開くと最初は『創世記』。これは意外と面白いです。神様が世界を創造するようすや、有名なエデンの園の出来事、そしてノアの箱舟の話、ほかにも物語としても読み応えのあるものが続きます。それでも全部で五十章ありますから、かなりのボリュームです。何とか読み切ったとしましょう。（もちろん、読み切れずに敗れる方もあるでしょう……）

創世記の次は「出エジプト記」になります。これも、始まりはモーセ物語ですから馴染みがあって読めるかもしれません。ところが、途中からいよいよ「十戒」をはじめとした「律法」が出てきます。

この「律法」がおそらく旧約聖書を読み進める多くの人にとって、最初にして最大の難関になるのではないかと思います。「十戒」はまだ何とかなります。十個しかありませんから。内容もここまで何度も話題にした「殺してはならない」といった平易なものが多いです。それでも「主の名をみだりに唱えてはならない」（第三戒）などと言われると、なんのことやらわからないと首をかしげ始めます。

さらに、これが進んでいくと、実に六百を超える「○○しなさい」もしくは「○○してはならない」というルールが出てきます。しかも、それが憲法や六法全書のように項目ごとに整理されて並んでいるのではなく、物語の合間などにぶち込まれてくるわけですから大変です。「いったい、なんなの!?」と叫びたくなるわけです。

しかし、この「律法」が何なのかを知りますと、本題である「一貫した神様の『愛と正義』の姿」が理解できるようになってくるのです。

## 取扱説明書

「律法」は神様が人に与えた、人間が幸せに生きるための「とりせつ（取扱説明書）」です。

『創世記』にあるとおり、神様は世界を創造し、また人間も造られたと聖書は教えています。難しい言葉で言いますと、人間は「被造物（造られたもの）」という存在です。神様が造ったのですから、当然のことながら神様が人間を最もよく理解していますし、どのように生きると幸いに歩めるか、逆にどうするとツラいのかを知っています。

神様のもとで付きっきりで生きていれば間違いないのでしょうが、いかんせん、アダムとエバの頃から人間はどうも反抗期のようです。神様に従わないで、悪いことでも自分の欲望のままにやりたくなるのです（この性質を「原罪」と呼びます）。その結果、エデンの園を出ていくことになり、好きに生きることになったわけです。

ところが、神様としてはずっと人間が心配でたまらない。そこで、色々と関わり合いを持つわけですが、その中でモーセと出エジプトの出来事を通して「こうすると幸せになるようにできているんだよ」という「律法」を与えられたわけです。

そういう背景にあるものですから、結果として大きく分けて二つの種類の内容が律法にはあります。


一つは「人と人との関係」を良い形に保つために必要な教えです。現在で言うところの法律的なものです。法律は秩序を守るために、やらなければならない義務と、やってはならない禁止を規定するわけです。もしそれがなければ社会は文字どおり無法地帯になってしまい、悪に歯止めがない恐ろしいものになってしまうでしょう。

もう一つの律法の種類は「神様との関係」を回復する、あるいは築くための命令です。これが特に初めて聖書に出合う人にとって律法が大きな壁となる理由であり、またこれがわかると聖書の本質に一気に迫る重要なポイントなのです。

十戒を例にとって説明しましょう。

何度も挙げたとおり、十戒の中には「殺すな」と「主の名をみだりに唱えてはならない」という教えが出てきます。

「殺すな」はまさしく法律的なものです。神様が造った人間は、互いに殺し合わないほうが幸せにできているというわけです。まあ、これは極端な例ですが、誰でも納得でわかりやすい例ではないでしょうか。

一方で「主の名をみだりに唱えてはならない」というのは、神様との関係についての教えです。敬意をもって神様に対しなさいという意図でしょう。最近は形容詞的に「すごい」ということを「マジ神（まじかみ）」と表現しますが、そんなあんま軽々しく神様を見ちゃいけないぜという意味です。とはいえ、そもそも「神」という言葉自体が、聖書の教える「創造主」という神様とうまくかみ合わないという日本語的な問題もここにはあるかもしれません。ともあれ、神様の名前を敬意を持たずにみだりに唱えるな、という神様との関係をきちんと築いていくための教えがあるわけです。

もう一つ例を挙げますと、十戒には「安息日を覚えよ」というものがあります。主なる神様が六日で世界を造り、七日目に休まれたという天地創造にちなんで、六日働いて七日目は必ず休むようにという教えです。これだけ聞きますと「劣悪な労働環境にならないための配慮かな」と法律的な意味合いに取れるかもしれませんが、聖書の記述には続きがあるのです。「これを聖なる日とせよ」つまり、七日目は単に仕事をしないということだけではなく、むしろその日に神様を礼拝する時間を取ることが目的なのです。つまり、これは法律的な意味合いよりも、神様との関係にまつわる重要な教えであるというわけです。

さて、ではここから律法と、最初に挙げたキーワードの「愛と正義」に話をつなげましょう。

## 律法と正義

律法は神様の「正義」に深い関わりがあります。なぜなら、聖書で「正義」という言葉が出てくるとき、多くの場合その意味は「律法を守る」ということにあるからです。

もう少し詳しくお話ししましょう。

普通、一般的に日本語で「正義」と言いますと、何かしら正しいことや正しい立場を意味するわけですが、その基準は特段決まっているわけではありません。ですから、人によって「正義」が違いますので、争いごとが起こるときに必ずしも「正義vs悪」という構図ではなく、「正義vsもう一つの正義」という状況が多々あるわけです。

一方で極端にすら感じる人がいるかもしれませんが、聖書の基準は単純明快に「神様が正しい」です（これを「神の義」と呼びます）。そうなると当然のごとく「正義」とは「神様が正しいとされること」、すなわち「律法を守る」ことになるのです。

逆に言いますと、「律法を守らない」という「罪」には神様は厳密な裁きをもって臨まれます。この裁きの部分が取り立てて恐怖を誘うのでしょう。よく「旧約の神様は怖い」とヒソヒソ言われてしまうわけです。

しかし、よく考えてみますと、私たち人間は神様に似せて造られたということが聖書に書いてありますとおり、私たち自身の中にも創造主である神様に似た「正義」の性質があるものです。

たとえばテレビドラマの「水戸黄門」を考えてみましょう。テレビドラマは終わってしまいましたが、典型的な話の流れは皆さんよくご存じのとおりで、「正義と裁き」に関しては他に類を見ないほどうってつけの例です。

基本的なストーリー展開として、悪代官的な敵役が登場して悪の限りを尽くし、視聴者が「こいつは悪いぜ、誰かやっつけろ」と思った頃に、黄門様が助さん格さんを伴って登場し、印籠を出して裁きを下すわけです。それを見て視聴者は胸がスッとして、めでたし、めでたし。

やはり悪が栄えて、誰からも裁かれないと気持ちが悪いのです。もし、これで悪代官が民をいじめた上で高笑いをしたところで物語が終わりますと、見ていた人は一様にやり場のない怒りを感じて後味の悪いことになります。

おそらく、水戸黄門がテレビドラマとして魅力的なのは、明快な勧善懲悪、悪い者は裁かれねばならない、というほとんどの人間が備えている「正義」の性質にフィットする爽快感があるからと思います。

罪や悪は裁かれねばならない、という思いはある。そして、調子こいていた悪代官が権威を持った水戸黄門様に裁かれるということを私たちは正しいと感じます。

聖書の神様の裁きは、まさにこの「権威」と「正しさ」を明らかにするものです。

神様は悪や罪を放っておくことはない、かならず最終的には罪は裁かれ、悪は滅びるのだ、と聖書は教えています。

……しかし、ここで一度立ち止まって考えなければならないことがあります。それは、自分は本当に悪代官ではないのか、ということです。

水戸黄門を見てスッとするのは、黄門様や被害を受けている側に感情移入をするからです。自分から進んで悪代官に感情移入する人はいません。ですが、私たちは悪代官と同じでないにしても、時と場合によっては清廉潔白ではないかもしれない。もしそう感じて悪代官に感情移入をしてみれば、ドラマ「水戸黄門」は全く意味の違う存在になってくるのです。

これが、旧約聖書の神様を怖いと感じる背景です。

実際、聖書は人の悪や罪について、心の内まで含めて吟味されたとき、全く罪がないと言える人間は一人もいないと絶望的なことを語っています。

「義人（正しい人）はいない。ひとりもいない。」（ローマ人への手紙3章10節）

六百を超える律法を完遂することは至難の業ですし、心の内までカウントされれば潔白を証明できる者はいないでしょう。

聖書における「正義」とは、律法に代表される神様の正義（神の義）です。

神様は正義の方です。そうであってほしいと人間は望むと同時に、わが身に置き換えてみれば大いに恐れます。

しかし幸いなことは、神様は「愛と正義」の方だということです。

## 正義を超える愛

すでに「敵を愛しなさい」の説明でお話ししたとおり、イエス・キリストの十字架の死は「すべての罪の裁きを代わりに受けて赦す」ためのものでした。このことについて聖書にはこう書いてあります。

私たちが神を愛したのではなく、神が私たちを愛し、私たちの罪のために、なだめの供え物としての御子を遣わされました。ここに愛があるのです。（ヨハネの手紙第一4・10）

神様は正義なので、悪に関しては厳密に裁かなければなりません。放っておくわけにはいかない。しかし、同時に私たち人間を愛してやまないので滅ぶことを良しとしない。そこで取った手段が身代わりの十字架なのです。ここに愛があります、と聖書は語ります。

繰り返しますが、聖書における「正義」とは、律法に代表される神様の正義（神の義）です。それは、そうありたいと思うと同時に、罪の性質を持ったすべての人間にとって達成不可能なレベルの正しさでもあります。

一方で、聖書において、正義と愛を切り離して考えることはできません。正義の戦争を考えるときに、聖書の基準での正義について考える者は常に、わが身を削っても「赦す」神の愛にも目を向けずに考えてはなりません。

もし「自分も罪人」であるという謙遜な自覚と、「その罪を赦すために自ら犠牲になる」イエス・キリストの愛を考えないまま、高慢になって神の正義を行う者として自分の行動を考えるならば、それはまさに独りよがりな正義の味方にほかなりません。

## 正義と平和

最後は「正義」と「平和」の関係についても考えてみましょう。

まず、次の聖書の言葉を見てみましょう。

義（正義）は平和をつくり出し、
義（正義）はとこしえの平穏と信頼をもたらす。（イザヤ書32章17節）

正義とは本来、平和を生み出すものであるということですが、「正義の戦争」という表現のとおり、むしろ正義のゆえに戦争が起きているようにも思えます。

もちろん、「正義の戦争」の考え方において、その目的は戦争ではなく平和であるわけですから、不自然ではないのかもしれませんが、「平和主義」の立場からは、やはり大きな矛盾として問われる部分であると思います。

では、この聖書の言葉にはどんな意味があるのでしょうか。

後半の言葉に注目しますと、そのポイントがつかめます。

「義（正義）はとこしえの平穏と信頼をもたらす」とあります。この「平穏と信頼」とは神様との信頼関係を意味しています。これは、第二章で「平和（シャローム）」の三つ目の意味として挙げた、「神様との関係」と同じものだと言えます。

すでに、旧約聖書においては「正義とは律法に見える神様の正義」であると話しました。ですから、律法を守ることをはじめとして、神様が正しいとされる生き方を通して生まれてくるのは、「神様との安らかな信頼関係」なのです。

先ほども、律法は「人と人との関係」に関するものと、「神様と人との関係」に関するものがあると話しました。実に、聖書の「正義」とは、この「神様と人との関係」が「安らかな信頼関係」となることを最終的に意味しているのです。そして、ひいてはそれが人と人との関係における平和にも結びついていくのです。

ここまでは説明をわかりやすくするために「正義」という言葉を使ってきましたが、聖書を開いてみますと「正義」と訳される言葉は実際には「義」と訳されることのほうが多いのです。

この「義」という言葉は、今説明したとおり、「神様の正義」という意味だけでなく、「神様との正しい関係」という意味がある、聖書において非常に重要な言葉なのです。

先のイザヤ書の言葉を、「義＝神様との正しい関係」という観点をふまえて読み換えてみますと、こうなります。

「神様との正しい関係は平和をつくり出し、神様との正しい関係はとこしえの平穏と信頼をもたらす。」

イザヤ書は旧約聖書の中にあります。旧約聖書では、正義は律法を守って神様との正しい関係を築くことでした。しかし、やはり律法を守り切ることはできない人の罪の性質の中で、超法規的に神様との正しい関係を回復させるのがイエス・キリストの十字架です。

しかし、今は、律法とは別に、しかも律法と預言者（つまり旧約聖書）によってあかしされて、神の義が示されました。すなわち、イエス・キリストを信じる信仰による神の義であって、それはすべての信じる人に与えられ、何の差別もありません。（ローマ人への手紙3章21〜22節）

イエス・キリストが十字架で罪を赦してくださったと信じる人は、実際に赦され、神様との正しい関係を回復することができます。それが「信じる者すべてに与えられる神の義」と書かれている意味です。

「平和主義」と「正義の戦争主義」は相反するものですが、「平和」と「正義」は信仰的には相互に一致するものです。

「戦争」を政治的にではなく、クリスチャンの信仰的に、あるいは聖書の教え的に考えるのが本書のテーマですが、その意味では「神との関係」という土台なくして本質的なところを語ることはできません。第二章で扱った「平和」にせよ、ここで扱った「正義」にせよ、少し皆さんにとってはとっつきにくい部分があるかと思いますが、実にそのとっつきにくい部分にこそ真理があるということに興味を持って受けとめてもらえれば幸いです。世界の多くの人々の「正義と平和」の背景には、確かにこの信仰から生まれた価値観があるのですから。

# 第五章　聖戦主義者とテロリズム（聖戦主義）

「平和主義」「正義の戦争主義」に続いて、最後に取り上げるのは「聖戦主義」の考え方です。

聖戦主義とは、文字どおり戦争を神の意志に従って行う聖なるものとみなして、また敵を明らかな悪として滅ぼすことを目的に置く、おそらく最も戦争を積極的にとらえた考え方だということができます。

この聖戦主義を主張するキリスト教会は、現在ほとんどありません。それは、聖書的にも、歴史的にも、肯定的に考えるのは難しいことが明らかになっているからです。しかし、同時に侵略戦争やテロのような暴力を支持する最も強い動機の一つとして利用される可能性（危険性と言ったほうがいいかもしれません）は、現在も変わらずあるのが聖戦主義です。

## 旧約聖書の「聖戦」

あなたが、入って行って、所有しようとしている地に、あなたの神、主が、あなたを導き入れられるとき、主は、多くの異邦の民、（中略）あなたよりも数多く、また強い七つの異邦の民を、あなたの前から追い払われる。あなたの神、主は、彼らをあなたに渡し、あなたがこれを打つとき、あなたは彼らを聖絶（絶滅させる）しなければならない。（申命記7章1〜2節）

実はもともと、聖書の中には「聖戦」と訳される言葉はありません。そこからも、聖戦主義は聖書に基づく信仰から出てきたものというよりは、信仰を口実に戦争や暴力を正当化する考え方を広く指していると言うことができます。

聖戦主義の考え方が根拠とする聖書の言葉の一つとして、右に挙げた申命記7章1〜2節があります。

申命記は、モーセが人生の最後に、あらためてイスラエルの民に神様の「命令」を「申し」述べたことが中心的な内容です。時はちょうどこれから神様からの約束の土地に入ろうとするところで、モーセ自身はここで命を終えるのですが、最後の預言（神様からのメッセージを伝えること）を行っているのです。

これから約束の土地に入るわけですから、そこに住んでいる人々との戦いが待っています。そこで、その戦いに関しても少なからず語られています。そこから聖戦主義の根拠となる言葉が出てくるわけです。

この申命記7章の言葉の中では「七つの民」を追い払い、討つときは「聖絶（絶滅させる）しなければならない」と命じられています。新共同訳という別訳の聖書では、「滅ぼし尽くさねばならない」と訳しています。本来、神様がこのように命じている理由は、追い払うか、戦いになったならば滅ぼすかしなければ、イスラエルの民自身がやがて異教世界に取り込まれていってしまい、神様を離れて滅びてしまうからです。また、申命記のほかの箇所では、実際に戦争になった場合は、影響力の強い民でなければ、まず降伏勧告をするように命じられています。そういうわけで「滅ぼし尽くす」という言葉はかなり怖い印象を与えますが、それは単に一方的な殺戮を命じているわけではないのです。しかし、聖戦主義の考え方ではその根拠として、この「滅ぼし尽くす」ということが大いに利用されています。

聖戦主義の最大の特徴は、神様に属する聖なる陣営と悪の陣営の戦いであると明確な「善vs悪」の図式で戦争を考えることです。その結果、敵は悪なのだから、徹底的に相手を滅ぼすことにためらいを持ちません。むしろ、それが正しい行いであると信じて戦うわけです。

こう書きますと「正義の戦争と同じじゃね？」という疑問が自然と出てくるかと思います。

大きな違いは、「聖戦」の「聖」という言葉について考えてみると見えてきます。

## 「聖なる」戦い？

聖書の中で「聖なる」というのは「罪がない」という意味があります。そして、神様はイスラエルの民に「わたしは聖なる者であるから、あなたたちも聖なる者となりなさい」と律法の中で命じています（レビ記11章45節）。つまり、神様は罪のない方なのだから、その民として律法を守って自分を罪のない状態に保ちなさいと言っているわけです。

しかし、実際はこれまで繰り返しお話ししてきたとおり、完全に罪のない状態を保てる人間などいないのですから、「神様にふさわしい聖なる者でありたい」と心がけて生きることを神様は望んでおられるわけです。ところが、聖戦主義では「自分たちは聖なる者だ」と考えて、「聖なる者（罪なし）」と「悪の陣営（罪あり）」の戦いとして戦争を見るわけです。

正義の戦争では「自分も罪があるが、他の人を罪から守るために必要な戦いはする」というのが基本的な考え方になります。敵となっている相手もまた神様が愛している相手なのだから、ということで単純に相手を滅ぼすことではない「やり方」にも制限のある形となっていきます。

人は誰しも罪があるからこそ、イエス・キリストは赦しの十字架にかかられました。ですから、もちろん新約聖書の中に「聖戦」の考え方は出てきません。ヨハネの黙示録などには、まさに聖戦的な悪魔との戦いも出てきますが、それは実際の戦争というよりは、あとでもう少し詳しく説明しますが、霊的な戦いとして考えるべきところですから、やはり「聖戦」は新約聖書でイエス様が語られていることからはかけ離れた考え方だと言えます。

しかし、残念なことにキリスト教会の歴史の中で、あるいは世界史の中で、「聖戦」の名の下に、まさに人間の罪が最悪な実を結んでいくことがしばしばありました。

## 歴史上の「聖戦」

おそらく、キリスト教の「聖戦」として最も悪名高い存在は「十字軍」でしょう。十一世紀末、トルコ人のイスラム王朝に押されていた東ローマ帝国の皇帝アレクシオス・コメヌスが、かねてより仲違いをしていた教皇ウルバヌス2世に援軍を要請しました。これに応じた教皇のもとで一〇九五年にクレモントで教会会議（公会議）が行われ、十字軍がエルサレム奪還を大義名分として始まりました。共通の敵をつくって行動を起こしたという意味で、皇帝と教皇が近づく機会として利用されたという面もあるでしょうし、ほかにもその背景や意義には様々な研究がされています。

いずれにしても、ここで話題にしているのは、この十字軍の実態が聖書の教えとはかけ離れた罪の結実と言うべき侵略戦争であったということです。そして、それはまさに「聖戦」の名のもとに行われました。

異教であるイスラム諸国がエルサレムを含む土地を取ったということで、イスラエルの民が約束の土地に入っていく戦いとなぞらえて「聖戦」を呼びかけたわけです。その結果、

「敵を愛する」という発想は全くなく、略奪や虐殺などを繰り返してエルサレムを占領しました。それは申命記にあるような降伏勧告などもない、一方的な悪事であったのです。

その後、十字軍と呼ばれる戦いは数を重ねていきますが、いずれもやはり「聖戦」という名の、その実は聖なる者からかけ離れた戦いであったのは間違いありません。

根底には最初に書いたとおり、聖戦主義が聖書に基づく信仰から出てきたものというよりは、信仰を口実に戦争や暴力を正当化する考え方であるという問題があると思います。

キリスト教会が目を背けてはならない、また繰り返してはならない、悔い改めるべき明らかな罪の戦争でした。

## 繰り返される「聖戦」

十字軍はキリスト教会が中心的な存在として引き起こしたものですが、信仰や思想あるいは理想を口実に戦争や暴力を正当化するという本質を考えれば、歴史上の多くの戦争は「聖戦」であると言えるかもしれません。

この話題でよく取り上げられるのは、第一次世界大戦でキャッチフレーズのように使われた「すべての戦争を終わらせるための戦争」という言葉です。時のアメリカ大統領のウィルソンが、当初は中立の立場を取っていましたが最終的に参戦を決めるにあたって使った言葉として有名になっています。

実際にはウィルソン大統領だけに限らず、連合国側の全体の動機として「すべての戦争を終わらせる」という理想のもとに、そのためにはドイツを滅ぼす必要があると考えて戦ったわけです。そこでは「民間人も含めた」国全体が悪を支えるものとして敵とみなされ、市街地への爆撃などが本格的に行われるようになったのも大戦の特徴でした。

軍国主義下の日本でも同じように、聖戦の誘惑のもとで、手痛いというにはあまりに大きな代償を払うことになりました。

『アンパンマン』の作者として有名な、やなせたかしさんが『わたしが正義について語るなら』（ポプラ社）という本の中で、このように語っています。

　戦争で感じた大事なことがもう一つあります。それは、正義というのはあやふやなものだということです。

ぼくが子どもの頃は、天皇は神様である、天皇のために忠義を尽くし、日本を愛しなさいと教えられていました。子どもですから、先生が言えばその通りだろう、それが正しいのだと思っていました。

二十一歳で戦争に行った当時は「天に代わりて不義を討つ」と歌う軍歌がありました。「この戦争は聖戦だ」と勇ましく歌う歌です。ぼくも兵隊になった時は、日本は中国を助けなくてはいけない、正義のために戦うのだと思って戦争に行ったのです。

でも、聖戦だと思って行った戦争だって、立場を変えてみればどうでしょう。中国の側から見れば侵略してくる日本は悪魔にしか見えません。

そうして日本が戦争に負け、すべてが終わると日本の社会はガラッと変化しました。(中略)ぼくも状況がのみこめるまでぼんやりした感じでした。でも、だんだんはっきりと分かってきたことがあります。

正義のための戦いなんてどこにもないのです。

正義はある日突然逆転する。

逆転しない正義は献身と愛です。(第1章　正義の味方って本当にかっこいい?)

アンパンマンというキャラクターの誕生には、やなせたかしさんが戦地で飢えに本当に苦しんできた体験がもとにあると言います。やなせさんの書いた最初のアンパンマンは、今の造形とは違いシンプルにアンパンを配るおじさんヒーローでした。ちょっと笑ってしまいますが、それは実体験に基づく、飢える弱い者を助ける、やなせさんにとっての真の正義の味方の姿なのだと思います。

「八紘一宇《はっこういちう》」という思想が、戦時中は広く使われていました。天皇陛下を神とした神国日本は素晴らしいのだから、他の国もその配下にあることが幸せなのだという、わかりやすい聖戦主義思想でした。その下でかつて太平洋戦争（とそれに先立つ戦争）が行われましたが、敗戦を通してやはりその問題の大きさに気づかされたわけです。

また、読んでわかるとおり、やなせたかしさんの言葉は「正義の戦争」の考え方にも鋭く疑問を突きつけています。それはすでに述べたとおり、人が正義を決めることなど本当にできるのかという、答えなければならない問いかけです。

## 神の国はどこにある？

再び聖書に目を向けて、聖戦主義がイエス・キリストの教えと相いれないことを確認していきます。

旧約聖書に記録されている戦争の多くは、イスラエルの民が約束の土地に入るためであり、また国ができてからは周辺諸国からの侵略に対しての防衛戦でした。いうなれば、イスラエルの民という一つの地上の民族が「神の民」であり、彼らの国が「神の国」であったわけです。しかし、旧約聖書ではイスラエルの民の国が滅ぶまでの歴史がはっきりと記されています。目に見える形の神の国は、滅亡してなくなってしまいました。

その後、旧約聖書の多くの預言書と呼ばれるものの中で、「救い主が来るぞ」という予告の言葉が神様から与えられてきました。

イスラエルの民はこのことを、いつかイスラエル人の国を再興してくれる方が神様に遣わされて来るのだと、ずっと期待して待っていました（今でもユダヤ人の皆さんは待っておられることと思います）。

そこにイエス・キリストが現れました。人々はイエスという人物に大いに期待をしました。この人が国を再興してくれるのではないか。ローマ帝国の支配下から救い出してくれるのではないか、と。

そんな中で、イエス・キリストは人々に語りました。

「神の国とその義とをまず第一に求めなさい。」（マタイの福音書6章33節）

聞いていたイスラエルの人々の期待は増したと思います。この人は再び神の民イスラエルの国を建ててくれるかもしれない。ローマ帝国の不当な支配から、神様の正義が行われて解放されるかもしれない。

しかし、実際のイエス・キリストの成し遂げたことは全く違うことでした。

神の義は、すでに前の章で説明したとおり、神様との関係が回復することを指します。罪が神様と人間の関係を壊していても、その裁きを十字架で代わりに負って赦し、関係を回復しました。

では、神の国とはなんでしょうか。

英語にすると少し説明しやすくなるかもしれません。神の国とは英語で「Kingdom of God」といいます。神様の治める「王国」という意味なのです（原語の意味合いもそうです）。

つまり、イエス・キリストの教えている神の国とは、神様が王として治めるところを言うのです。

このことに関して、他の場面でイエス様は次のように言っています。

「神の国は、人の目で認められるようにして来るものではありません。『そら、ここにある』とか、『あそこにある』とか言えるようなものではありません。いいですか。神の国は、あなたがたのただ中にあるのです。」（ルカの福音書17章20〜21節）

イエス・キリストを信じて従う者は、その人自身が神の国なのだ、という意味です。それは、目に見える国土や領域を持つものではなく、神様が王であるという信仰者とその集まりである教会にあるということです。

ですから、もはや地上の土地を巡って聖戦をする理由は、新約聖書の信仰においてはないのです。（そういう意味でも、先に挙げた十字軍の聖書信仰的な正当性は見いだせません。）

余談になりますが、現在のパレスティナ、イスラエル国の紛争の根本的な原因の一つには旧約聖書の神の民・神の国という考え方があります。

何度も話題に出てきたように、イエス様の時代はすでにイスラエルの土地はローマ帝国に支配されていましたし、イエス様の時代から数十年後にはエルサレムの街も徹底的に攻められ、神殿も崩壊しています。その後はイスラエルの人々は長らく（イエス様を救い主とは信じていませんので）、救い主が来てイスラエルが再興することを待ち望み続けてきました。

一九〇〇年前後に「シオニズム運動」というユダヤ人たちが独自の国家を再興する運動が起こり、実際に世界中に離散していたユダヤ人たちが集結して、以前のイスラエルの地域に行って建国をしました。しかし、そこにはすでに長い期間パレスティナ人たちが住んでいたのです。それはイスラエルとしては悲願達成であり（もちろん内部でも反対意見はありましたが）、パレスティナ人にとっては急に故郷を追われる滅茶苦茶な出来事でした。

もちろん、ここには政治的な問題などが大いにありますから、一つの原因だけを挙げるのはふさわしくないと思いますが、旧約聖書を読めば、そして日本人の多くが思っている以上に、世界では信仰が人々のアイデンティティ（自分たちが自分たちであることの本質）の中核をなしていることが圧倒的に多いという事実をふまえれば、少なくともイスラエル側の人々の「イスラエルという国」に対する並々ならぬ思いを理解することができます。

一方では数百年にわたってその土地に住んできたパレスティナ人にとっては、先祖伝来住んできた土地に急にやって来たイスラエル国は、単なる侵略者にしか見えないでしょう。また一方では、二千年以上前から神様からの約束の土地だと信じてきていながら、度重なる侵略を受けて離散せざるをえなかったイスラエルの人々にとっては、本当は私たちの土地なのだという当然の主張として考えていることでしょう。

建国の経緯や仕方、統治のやり方の問題や、さらに西欧諸国の関わりなど、本当に問題は複雑なのですが、そこにいる一般の人々（パレスティナ人もイスラエル人も）、つまり大多数の人々の根底にある思いは、それら民族としてのアイデンティティの問題であると思います。

どちらにもそれぞれの正義がある、まさに正義の戦争のぶつかる大きな壁がそこにもあります。さらに、第三者が第三者として和解のために動くどころか、加えてどちらが正しいと決めてどちらかの側につく、そうして事態は深みにはまっていきます。

問題は単純であるけれども、事態は複雑であり、解決は簡単ではありません。まさに戦争と平和を考えることと同じであり、どちらが正義かを当てはめて済むことではなく、また忍耐強く向き合い、平和の関係を再構築することが必要になるのだと思います。

以上、余談でした。

## 新しい戦い

さて、話を戻しましょう。「神の国」とは主なる神を王として信じ、心に迎える人々を指す、とお話ししました。この前提の上で、新約聖書における戦いとは何かを知ることができます。

私たちの格闘は血肉に対するものではなく、主権、力、この暗やみの世界の支配者たち、また、天にいるもろもろの悪霊に対するものです。（エペソ人への手紙6章12節）

聖書の中に「聖戦」という言葉はそもそもないと話しましたが、あえてそう呼べるものがキリスト教会にあるとするならば、それはここに書かれているとおりの「霊的」な戦いです。聖霊について説明したときも同じようなことを話しましたが、「霊的」と書きますと、なにやら少年向けバトル漫画や、映画『エクソシスト』などを思い浮かべてしまいます（そしてある意味そういう戦いも含むでしょうが）。しかし、本質的に少し違います。それは、人間を相手にして敵を傷つけたり、殺したりする戦いではなく、神様から人間を引き離そうとするあらゆる力に対抗して踏みとどまる信仰の戦いです。

この聖書の教えには、霊的な「神の国」と血肉を伴う「地上の国家」という、明確に違う二つの「国」の区別があります。

この教えに基づけば、平和主義の人は、だからこそ地上の国家同士で戦い、人と人とが殺し合うことの愚かさをなくすべきだと考えるでしょう。そして、正義の戦争主義の人にとっては、その神の国が地上の国家の争いの中でも実現するようにと行動を起こすときに、やむをえず必要なこととして戦争をとらえる根拠と考えることができるでしょう。

いずれにしても、人間どうしが殺し合ういかなる戦争も「聖なる」と呼ぶことはできない、というのが結論であると思います。

## 聖戦の誘惑

では聖戦がなくなるのかといえば、そうではないと思います。

むしろ、「聖戦主義」はいつでも、どこでも、姿をかえて何度でも現れてくる、戦争を美化し、正当化するための誘惑であると思います。

テロリズムが現在の世界全体の問題となっています。これも典型的な聖戦の姿です。

しかし、テロリストの背景や考え方、彼ら自身の考える正義を知ることをせずに、ただ単純に「正しい私たち」に対する悪だと考えるとき、私たちも聖戦の誘惑に陥ることになるでしょう。

その先に待つのは平和と希望ではなく、新たな聖戦と終わらない復讐です。つい最近も「the war on terror」という宣言で始まったイラク戦争が、次々とまた内戦やテロを生む、そのような泥沼を体験しました。

聖戦の誘惑は誰にでも降りかかることがあると思います。

平和主義者がそうでない人々に対して、それを一方的に悪だと決めて相手を理解しようとする努力を放棄して断罪するならば、それは実は平和主義者の皮をかぶった聖戦主義者となるでしょう。

正義の戦争主義は、ごく薄い壁一枚を隔てて聖戦主義と隣り合っています。自分たちは誤ることのない正義の味方だと思った瞬間に、それは聖戦主義者となります。本人は正義のヒーローのつもりでも、まわりにはまさに悪魔のように映るのが聖戦主義者です。

聖戦の誘惑に陥らないようにするための鍵は、相手の考えや信念、言い分を理解しようとする努力であると思います。違う主張をぶつけ合うのが議論だと勘違いしたり、自分の主張が正しいと決めて相手の言葉を無視したり、聞いたふりだけしていては、平和に向かう前進はありません。相手の主張を互いに理解した上で、折り合いをつけたり、距離を調整したり、「新たな」道を見つけていくときに革新的な一歩が生み出されます。それを担うのは、偉い誰かではなく、今を生きる人間一人ひとりであると思います。

聖書の言葉でこういうものがあります。

患難が忍耐を生み出し、忍耐が練られた品性を生み出し、練られた品性が希望を

生み出す……。（ローマ人への手紙5章3〜4節）

意見の食い違う相手と向き合うというのは、最も地味で忍耐が必要とされ、重要であるにもかかわらず、人からはそんなに評価をされないことであると思います。ですから、面倒な相手を無視したり、話し合うことを放棄したりしたくなる誘惑がいつもあります。しかし、急がば回れと言うごとく、聖書の教えは忍耐強く取り組むことなのです。そのとき、未来に希望が生まれます。

テロリストなどの聖戦主義に対するために、自分自身に問いかけたいのは次のことです。

聖戦主義者である相手の何を知っていますか。どのような和解のための一歩がありますか？

# 第六章　「アメリカ」な正義の戦争の背景

ここまで、クリスチャンの戦争と平和に対する三つの立場を紹介し、またそのキーワードである平和と正義に関して聖書の教えを見てきました。これでおおよその土台となる部分はお話しできたことと思います。

その上で、本書の冒頭でお話しした、私自身が以前持った「違和感」について、あらためて少し考えてみたいと思います。そのことを通して、読者の皆さん一人ひとりが「日本の平和」であるとか、「国際的な平和」であるとか、あるいは「安全」といったことなどをどのように考えていくのか、一つの助けになればと願います。

先に概要をお話ししますと、まず日本では政治的な問題に関しての立場を指して「右」とか「左」とか呼ばれることがありますが、その考え方の由来となっている「右翼」と「左翼」という言葉について取り上げます。

実はキリスト教会の信仰に関する立場についても「右」とか「左」という表現にあたるものがあるのですが、それらは立場や考え方の違う人同士が互いを理解し合う助けにもなると同時に、逆に思い込みによって理解を妨げたり、誤解を生んだりしている場合もあります。私が冒頭で取り上げた違和感も、そのあたりに原因の一つがあったと感じています。

そして、そこからさらに「戦争と平和」について私たちが自分や他の人たちの立場を理解していく上でも、「右」や「左」といった分類が罠にならないように注意する必要がありますので、そのことを取り上げたいと思います。

すでに第二章の「平和」のところでも、大きな枠で「欧米」と「アジア」と「中東」の平和や秩序の考え方についてふれ、それぞれの違いを互いに理解し合う必要性についてお話ししました。

ここでも、同様に「右」や「左」といった立場の違いを理解し、互いの理解を深めていく必要性をお話しししていきたいと思います。

特に日本にとっても、国際的にも「戦争と平和」というテーマでは鍵を握るアメリカの「正義の戦争主義」を考える上での助けになることを期待しています。

まず「右」と「左」について考えてみましょう。

## 右翼と左翼

知っている人も多いでしょうが、一般的に「右翼」とか「左翼」と呼ばれる言葉の由来を確認していきましょう。

もともとこの「右翼」と「左翼」という言葉はフランスの議会に起源があります。文字どおり議会の右側に座る人々と左側に座る人々がそれぞれ対立する考え方を持っていることから、右翼・左翼と呼ばれるようになったのです。

その始まりとして数えられるフランス革命を例に挙げましょう。十八世紀の末に起きたこの市民革命は、絶対王政が終わり最終的には共和制に移っていく、まさに歴史的な変化をもたらしました。

小説はもちろんのこと舞台や映画でも有名な『レ・ミゼラブル』や、原作マンガや宝塚歌劇団の舞台化で有名な『ベルサイユのばら』など、ほかにも例を挙げれば数限りないほどに、この革命とその時代は取り上げられ、注目を浴び続けてきました。マリー・アントワネットやナポレオンのような誰もが知る有名人も、この時代を生き、また死んだ人々です。こういった有名どころを少し例に挙げながら説明していきましょう。

マリー・アントワネットはフランス革命で処刑された王妃です。夫はフランス国王ルイ16世です。当時は王様のもと、キリスト教会の聖職者や貴族たちが絶対的に優位な立場を持っていました。税金を免除されることをはじめ、様々な特権を持っていました。では、誰が税金を払い、国の財政を支えていたかといえば、「平民」と呼ばれるそれ以外の普通の人々です。特権階級の人々は贅沢な暮らしをし、一般庶民は重い税金に苦しむという社会の構図がありました。

舞台や映画のレ・ミゼラブルでは、そんな中で貧困に苦しみ、わずか一切れのパンを盗んで十九年も服役することになった主人公ジャン・バルジャンが刑期を終えたところから物語が始まります（ちなみに小説は社会背景の説明なども含めて非常な大作です）。その後も主人公は、貧しさに苦しむ民衆の中で過去の罪をずっと背負いながら生きていきます。

一方でマリー・アントワネットが言ったとされて、彼女の悪者扱いの原因として代表的な発言が「パンがなければお菓子を食べればいいじゃない」です。平民の苦しさを全く理解していない無神経な王族の発言として広められました。実際は彼女の発言ではなく、彼女をはじめとする特権階級への批判を強めるために作られた噂話だということです。しかし、そんな話が出るほどに、当時の平民たちが、王族や貴族が贅沢に暮らし自分たちが貧しさに苦しむ状況に大きな怒りを感じていたことはよくわかります。

もちろん、特権階級を支持する人々も大勢いました。『ベルサイユのばら』はマリー・アントワネットと彼女を守る近衛士官であった男装の麗人オスカルを中心に話が始まります。最終的にオスカルは平民たちについて革命を起こす側となるのですが、その過程が様々な恋模様を交えて描かれています。その中で一七八九年五月五日の「三部会」の出来事が登場します。

特権階級である聖職者と貴族という二つの身分の代表者、それに平民が加わった三部に分かれた人々の話し合いが「三部会」です。ここで特権階級と平民の溝が決定的となり、全く意見がまとまらない状態が続きます。そこで、平民たちは「国民議会」を独自に打ち立てます。国王もそれを無視することはできず、正式に議会と認められます。

その後の詳細は歴史を述べるのが本題ではないので省きますが、その流れにある議会の中で、国王を守ったまま議会を続けていこうと考える陣営が議会の右側席に座り、国王を廃止して共和制を始めようとする陣営が議会の左側に座席を取りました。これが「右翼」と「左翼」の始まりの形です。これまでの階級社会の形を変えずに維持しようというのが「右翼」と呼ばれます。一方で、国王を退け社会を新しい形に変えようというのが「左翼」と呼ばれるのです。

議会の対立は最終的には国王側が敗れ、ルイ16世もマリー・アントワネットも処刑されることとなり、フランスは共和制となります。しかし、わずか十年後にはナポレオンが登場し、彼の独裁政府が始まると同時に共和制も終わり、さらにナポレオンが表舞台から姿を消すと、再びルイ18世による王政が復活するのです。

## 右と左の現在

もともとは特権階級を守って変化を否定する保守派が「右翼」であり、階級社会を変えようとする革命派が「左翼」でした。しかし、この「右翼」と「左翼」という表現は、その後の時代や歴史的な出来事の中で様々な用いられ方をした結果、現在では多くの意味を持つようになっています。

二十世紀には社会主義的な考え方を持つ人々が「左翼」と呼ばれるようになり、ファシズムや国家主義的な考え方を持つ人々を「右翼」と呼ぶようにもなります。「右翼」を「保守派」と呼ぶこともありますが、何を保守して、何を変えたくないのかといったことが明確でない場合が非常に多いのが現在の状況であると思います。

さらに、国際的な右翼と左翼の分類も難しいだけでなく、各国の中での右と左もそれぞれの特徴があって、いっそう理解するのが難しくなっています。

アメリカの政治的な枠組みでいえば、「右翼」にあたるのは共和党に代表される「保守(conservative)」ということになるでしょう。そして、「左翼」は民主党の代表する「リベラル(自由主義 liberal)」になります。私のごく勝手なイメージで話しますと、保守は「古き良きアメリカ万歳」という人々で、リベラルはヒラリー・クリントンとバラク・オバマが、党内で初の「女性」もしくは初の「黒人」大統領となる候補者として、前の大統領選を最後まで争ったことからもわかるとおり、これまでの社会を変革しようという意識にあふれた人々というイメージです。

9・11テロ直後は典型的な保守であるブッシュ大統領のもと、一気に保守が強くなり「新保守（ネオコン）」と呼ばれる勢力までできてきましたが、その反動のように現在はリベラル背景のオバマ大統領のもとで多極的な動きになってきています。

日本の場合、最近では「ネトウヨ」という、ネット上で右翼的な発言をする人々を指す言葉がありますが、明確な定義はないようです（ということをネットで調べました……）。「右翼的な発言」というのも、そもそもその右翼とは何かを明確にしなければよくわかりませんので、難しいところがあります。

ただ、現在の社会や政治のようすを見る限り、安倍晋三首相が日本の「保守」と呼ばれる人々の代表であるとするならば、その「戦争と平和」に関する立ち位置を本書のテーマにそって見ていきますと、おおよそアメリカ的な「正義の戦争主義」に参加する方針をとっているように見えます。

最近では「集団的自衛権」が話題になりましたが、本書で扱ってきた見方では、これは非常に明確にアメリカの「正義の戦争主義」に加わるための法整備であると言えます（度合いの問題で議論はあるかと思いますが、枠としては単純に見てそうでしょう）。

もちろん、その良し悪しは論じませんし、それを良いとする立場と良くないとする立場が、世界的にはクリスチャンの考え方の中に両方あると紹介しているのが本書です。また、読者の皆さんがそれぞれの立場を確認して現実の変化にどう応答していくかを助けるのが本書の目的です（次の章で、本書のテーマに沿ってもう少し具体的に分析をしてみます）。

## アメリカのキリスト教信仰の右と左

現在のキリスト教会でも、いわば右と左のような信仰的（神学的）な立場の違いがあります。一方は「保守」と呼ばれ、もう一方は「リベラル」と呼ばれます。お気づきのとおり、アメリカの政治の構図と同じ分かれ方なのですが、あとでそのつながりについては説明します。キリスト教関係の人からは「もっと神学的にちゃんと説明しろ」と言われそうですが、関係者じゃない人にこそ理解していただきたいので、話をわかりやすくするためにざっくり説明していきます。

「保守」と呼ばれる信仰的な立場の人々は「福音派」とも呼ばれます。これは教会のグループの違いによらず、伝統的な聖書解釈に基づいた信仰を持ち、多くの人にイエス・キリストの救いを伝えて信仰を持ってもらいたいと伝道に力を入れるのが特徴です。

「リベラル」は自由主義神学と呼ばれる二十世紀以降に存在感を持つようになった聖書の解釈をする信仰の立場です。弱い立場の人々や様々なマイノリティの擁護などをはじめとした、社会的な問題に高い関心があるのが特徴です。

ちなみに、私自身は信仰的に「保守」の立場ですが、「リベラル」を学びたいと思って、リベラルな教授陣が大多数の神学校で学びました。リベラルの学校の中でしたので、冒頭で登場したクリストファーも私と同じ「保守」の信仰であったことから非常に話が合い、仲良くなったわけです。

そこで、先ほどの話にまた戻るのですが、では信仰的に「保守」とか「リベラル」とかの大きなくくりがあったとしても、その枠組みですべてが理解できるわけではないということがポイントだと思います。

一方では、「お、君は保守の信仰を持っているね」と言えば、お互いに共通点が多いとわかりますので話もスムーズに進みます。しかし、一方で私自身に「クリストファーは保守なのだから、戦争と平和に関して同じ考えを持っているだろう」という思い込みもあったわけです。しかし、実際はアメリカの「保守」信仰のクリスチャンと、日本の「保守」信仰のクリスチャンが全く同じように何事も考えるということはありえないわけです。

むしろ、多くのアメリカの「保守」信仰のクリスチャンは正義の戦争主義であるし、日本では信仰の「右左」によらずほとんどが平和主義なのですから、全く違います。

さらに、実際はもっと複雑です。

先ほど、政治でも「保守」と「リベラル」、信仰でも「保守」と「リベラル」と同じ用語がアメリカにおいて使われているということを指摘しました。しかも、かなり信仰的な「保守」層と政治的な「保守」層は重なる部分が多く、「リベラル」も同様です。では、全く重なるのかというと、必ずしもそうではないのです。この複雑さを解明しようと、多くの人が多くの分析をしていますが、なかなか実態をつかむのは難しそうです。

そこで、私が感じているのは、そもそもから「右」や「左」、あるいは「保守」や「リベラル」という枠でほとんどの人が分類できるという発想があるために理解が難しくなっているのではないかということです。実際は、「多くの」アメリカのクリスチャンが正義の戦争主義であっても、それはあくまで「多くの」であって、それを一くくりにはできないということです。一方で、日本のクリスチャンはほとんど自明のこととして平和主義をとっていますが、それは各人が本当に吟味した上での平和主義なのかということを確認しなければならないと思うのです。

「右」や「左」、「保守」や「リベラル」など、ほかにも様々な立場を表す表現があるかと思いますが、大きな枠のために人がいるのではなく、人の理解を助けるために「枠」があります。ですから、枠の違いをよく理解した上で、さらに一人ひとりの人間の立場や考え方、さらに生き方を理解しようとしていくことこそが重要なのでしょう。

## 日本人クリスチャンの平和主義

ここで、日本のキリスト教会が（わずかな例外を除いて）なぜ平和主義を取るようになったか、ということも皆さんに理解してもらえるように、紹介してみたいと思います。これは私の個人的な感覚ですが、当事者である日本のクリスチャン自身も多くの場合、「平和主義」ありきで、なぜ「平和主義なのか」ということをそこまで深くは吟味していないように思うのです。ここから少し、日本人クリスチャンの自己吟味みたいな内容になるかもしれませんが、あまり一般的には語られることのない考えや歴史でもあると思いますので、興味を持ってお付き合いくだされば嬉しいです。

日本のキリスト教会のほとんどが平和主義の立場を取るようになった重要な背景を二つ挙げたいと思います。一つは現代日本の中で重要な役割を果たしてきた日本人クリスチャンたちの多くが平和主義であったということ。そして、もう一つは世界大戦を通しての教会の強い反省があることです。

## 三人の歴史的日本人クリスチャン

まず、二十世紀に全国的に非常に重要な活躍をしてきた日本人クリスチャンを三名挙げたいと思います。時代順に新渡戸稲造（一八六二―一九三三）と内村鑑三（一八六一―一九三〇）、そして賀川豊彦（一八八八―一九六〇）です。戦争と平和に関わることにだけ焦点を絞って、ごくごく簡単に紹介していきましょう。

新渡戸稲造と内村鑑三は、「少年よ大志を抱け」のフレーズで有名なクラーク博士が教えていた札幌農学校（現在の北海道大学の前身）の出身です。二人とも第二期生として学びました。クラーク博士はすでに帰国していましたが、クリスチャンであった博士に師事し、熱烈なクリスチャンとなっていた第一期生の指導のもとでそれぞれクリスチャンとなります。

ちなみに新渡戸稲造はもともと聖書に親しんでいたので自発的に、内村鑑三は先輩に半ば強引に引き入れられて信仰を持ちました。

その後、新渡戸稲造は在米中に『武士道』を著して世界的に名が知られるようになります。また、国際連盟の事務次長を務めたことでも有名です。二十代以上の方なら、五千円札に描かれた人物といえば、すぐにその姿が思い浮かぶでしょう（現在の五千円札は樋口一葉）。『武士道』は文字どおり「武士道」とは何かをまとめたもので、当初は英語で書かれ、欧米を中心にベストセラーとなりました。やがて、逆輸入と言ってよいかと思いますが、日本語にもなり、現在にいたるまで不朽の名著として読み継がれています。その中で出てくる思想は基本的に正義の戦争主義ではありますが、後年の彼の国連事務次長としてのオーランド諸島紛争の和解を仲介した働きなど平和のために尽力した実績や、第二次大戦前に軍国主義が高まる中で当時の軍閥を批判する発言をしたことなどから、平和主義的な思想の片鱗も見ることができます。実際『武士道』の中でも、侵略戦争を批判する言葉を最後に記しています。ちなみに、彼の妻であるメアリー・エルキントン（新渡戸万里子）は、歴史的平和教会の一つであるクエーカー教会のクリスチャンです。

内村鑑三は、より明確な平和主義者です。

内村に関して一般的に広く知られているのは、足尾銅山の鉱毒問題を新聞記者として取り上げ、田中正造の働きを講演などで支持していく働きをしたことと、何よりも日本史の教科書などで取り上げられるように日露戦争前から「非戦論」(「反戦論」とも表記)を主張したことでしょう。反戦ではなく「非戦」であるところがクリスチャンとしての平和主義が背景にあることのポイントです。戦争反対以上に、戦わないということを重視しているこの主張は、まさに本書で語ってきたとおりの聖書に基づく平和主義の主張だということができるでしょう。

賀川豊彦は新渡戸や内村より二十余年後に生まれます。イエス・キリストの精神を実行することを重視し、神戸のスラム街で牧師として路傍伝道をしながら貧しい人々を助ける働きを始めます。労働組合や生活協同組合(いわゆる生協)などの社会運動を世に広めた人物として、あるいは第二次大戦後は内閣参与を務め日本社会党(現・社民党)の結成の中心的な役割を担った(直接政治家をすることはありませんでした)人物として有名です。もともと平和主義の立場をとり、第二次大戦中も反戦の姿勢のため憲兵隊の取り調べを受けることもありました。戦後、ノーベル平和賞にもノミネートされました。

ほかにも代表的な人物はあると思いますが、三人を挙げただけでも、日本人クリスチャンは平和主義であるという印象を持つのに十分ではないかと思いますし、実際、プロテスタント教会が日本での活動を始めた初期から指導的なクリスチャンたちが平和主義であったことは、現在に至る日本の教会全体に大きな影響があったのは間違いないでしょう。

## 教会の戦争責任

続いて、もう一つの現在の平和主義姿勢につながる要因として、第二次大戦中のキリスト教会の戦争協力を紹介しましょう。

私が所属しているのは、日本基督教団と呼ばれる、日本で最大のプロテスタント教会グループです。この教団の成り立ちは世界でもごく珍しい歴史を持っています。それは、第二次世界大戦中に政府（軍部）が宗教団体を統制するために作った宗教団体法に基づいて、それぞれ大きな特徴の違いがあるプロテスタントの各教会グループを、半ば強制的に一つの団体としてまとめたことで生まれたということです。

そのような背景で作られた教団ですから、その初めから戦争協力が重要な目的の一つとされていました。そのため、キリスト教会であるにもかかわらず教団を挙げて神社参拝を行い、植民地下の教会にも参拝を強要し、ホーリネスと呼ばれるグループへの弾圧が起こると厄介者扱いで切り捨て、また軍用機を教団として献納するなど、平和主義とはほど遠く、信仰的にも異常な状態が続きました。

戦後、当然のことながら強制的な合同に反対であった多くのグループは、以前のとおりに独立していきましたが、望んではないにしてもそこに神様の導きがあっただろうという考えのもと残った教会によって日本基督教団は続いていきます。

しかし、戦中の戦争協力や異教礼拝に関して大きな禍根が教団内に残り、またそれらに対する反省があり、一九六七年に「第二次大戦下における日本基督教団の責任についての告白」が教団を代表する総会議長の声明文として出されました。そのような流れの中で、もう二度とこんなことがあってはならないという意識のもと、日本基督教団のみならず、ほとんどの教会が平和主義の立場を取るようになっていったということが一つの事実であると思います。

## 右でも左でもなく「私」

9・11テロのときに私がアメリカ旅行中であった話を本書の初めに書きましたが、帰国後に当時学んでいた研究室仲間たちとした会話を思い出します。

そのとき私は学部生として考古学を専攻していましたが、多すぎず少なすぎずの人数のまとまりのよい研究室で、同じ専攻の同級生同士はとても仲良くしていました。それぞれ、自分の興味ある分野・土地の考古学を学んでいましたが、エジプト研究を学んでいる仲間たちは現地で発掘に携わっていました。ちょうど9・11のときも夏休みの最中で発掘に行っていた仲間が何名かいました。アメリカから帰国して新学期に彼らと再会し、色々と起きた出来事など話し合っていると9・11の話になりました。私はアメリカで自分が経験したことや感想などを話しましたが、エジプトの発掘隊の話を聞いて驚きました。発掘隊には当然現地の作業員たちがいるわけですが、そのエジプト人たちの中にはテロのニュースを聞いて歓声を上げて喜んだ人たちもいたというのです。

アメリカの正義が必ずしも中東の正義ではない。逆に中東の正義が必ずしも他地域の正義ではない。もっと言えば、アメリカ、中東、などという枠組みだけでは人の考えはくくることができないし、またくくられてしまってはいけないのではないかという思いがわき上がります。

この章のタイトルを「アメリカ」な正義の戦争の背景、とつけましたが、私の結論としては、背景には簡単に分類して説明はできない、一人ひとりの考え方の違う人間がいた、ということになります。

右、左、保守、リベラル、アメリカ、日本、中東、クリスチャン、無神論者、仏教徒、ほかにもそれぞれの考え方があり、それを知ることが大切です。知らずにする批判や知ろうとせずにする批判は、批判ではなく幼い悪口です。また、さらにその枠組みの中にも一人ひとりの違った人間がいるのだということを知って関わっていくことが大事だと感じます。右でも左でもなく「私」が誰なのか、何を考え、どう決断していくのか、ということが、すべての人にいつも問われるべき問いではないでしょうか。

# 第七章　まとめ

最後に、皆さんが自分自身の考えをまとめたり、あるいは他の人と意見を交わし合ったりするのに助けとなるようにと、ここまでのまとめをしたいと思います。そして、特に具体的な例として日本の現状に本書で紹介した立場をあてはめると、どのように考えられるかを、いわば応用編として記しておきます。

## あらためて

クリスチャンの戦争と平和に対する三つの立場のポイントと、それぞれに関わる問いかけをまとめてみます。

◎平和主義のポイント……戦争はいかなる場合も（自衛を含め）認められない。
▼平和主義者への質問……あなたは自分や大切な人を守るための力がなくてよいのですか？
◎正義の戦争主義のポイント……正義のための戦争は認められる。正義の判断基準が大切。
▼正義の戦争主義者への質問……正義を人は決められるのですか？　あなたの正義だけが正義だとなぜ言えますか？
◎聖戦主義のポイント……戦争は悪を倒すための神の御心であり義務（現在は、ほとんど支持されえない）。
▼聖戦主義者に対するための質問……聖戦主義者である相手を理解していますか？　また、どのようにしてその相手と平和の関係を築くことができますか？

## 日本の現状

以上のように、クリスチャンの戦争と平和に対する代表的な立場を紹介し、またそれぞれに批判的な目も持ちながら考えてきました。ここでは本書をいかに応用するかという例として、日本の置かれている状況をそれらの立場に置き換えてみるとどうなるかを見てみましょう。皆さんが具体的に考える助けになれば幸いです。

まず、日本の現状は平和主義であるかといえば、憲法的にはそうであり、実際的にはそうではない、ということができるでしょう。

最近、頻繁に取りざたされる憲法九条には以下のように書かれています。

1．日本国民は、正義と秩序を基調とする国際平和を誠実に希求し、国権の発動たる戦争と、武力による威嚇又は武力の行使は、国際紛争を解決する手段としては、永久にこれを放棄する。

2．前項の目的を達するため、陸海空軍その他の戦力は、これを保持しない。国の交戦権は、これを認めない。

このように憲法では戦争と武力行使を永久に放棄するとしています。そして、一切の戦力を認めていませんので、当然の帰結として、戦うことは実際的にも不可能であるし、しないということになります。おそらく世界に唯一の完全な平和主義です。

一方で実際は自衛隊があることは皆さんご承知のとおりです。自衛隊をどうみなすかということを政治的、法律的に論じることは本書の趣旨とずれますのでしませんが、文字どおり「自衛手段としての実行力を持った部隊」が存在していることは間違いないでしょう。

そうなりますと、本書で扱っているキリスト教会の三つの立場との関係で見てみると、これは平和主義にはなりません。たとえば、日本が外部から攻撃を受けたとして、たとえ自衛隊があっても一切自衛のための戦いも行わないし、抵抗することはない、というのであれば平和主義となりますが、そんなことはありえないでしょう。

ですから、憲法という大原則としては平和主義であるけれども、実際は正義の戦争主義であるというのが現状です（あくまで本書の三つの戦争に対する立場からのみ論じています）。

次に、正義の戦争主義として、もう少し詳しく考えてみましょう。当然、自衛隊がどういう存在であるかが鍵になります。

大枠だけで話しますと、自衛隊は長らく日本が直接攻撃を受けた場合のみ防衛のために戦うことができるようになっていました。ただし、その場合も国会の承認が必要となります。

これを第三章で扱った正義の戦争主義の「正義の基準」に照らして考えてみましょう。

①個人ではなく正当な権威者（統治者）によって行われる。

国会の承認を得ます。

②正当な理由があること。

直接攻撃を受けているための防衛です。

③正しい意図があり、目標があること。

自国の防衛です。

④正しいやり方であること。

これに関しては、第三章で挙げた四つの点（112〜113頁）に沿ってもう少し細かく見ていきましょう。

1．最後の手段として始めること

攻撃を受けている状況ですから、当然のことながらすでに手を尽くしていたと考えるべきでしょう。あるいは、急な攻撃を受けた場合も当然、自衛の手段として残りはないわけですから、基準として問題ないでしょう。しかも、国会の承認が必要となれば、緊急事態であっても最大限の努力をした上での最後の手段ということで間違いありません。

2．宣戦布告をすること

こちらから攻撃を始めることはありませんので、そういうケースの宣戦布告はありません。急な攻撃を受けた場合も同様に、国会の承認があるわけですから正しい手続きであると言えるでしょう。

3．民間人を攻撃しないこと

攻撃を受けている場合、相手にはほとんど民間人はいないでしょう。あとは「民間人」の定義の議論になりますが、ここでは論じません。

4．非人道的な兵器を使用しないこと

非核三原則がありますので、日本に核はないという前提がありますし、攻撃を受けている場合、戦場となっているのは自国内ですから、自国に深刻な事態を招くような兵器を使うことは考えにくいでしょう。

以上のように、おかしな言い方ですが、正義の戦争としては教科書どおりの模範的な姿だということができるかもしれません。

## 最近の状況に関して

二〇一五年、新たに与党から安全保障関連の十一法案が国会に提出され、九月に採択されました。

十一法案を一つ一つ解説するのは専門外ですし、そもそも本書の趣旨と違いますので、これもやはり大枠で本書のテーマに沿った二つの部分だけを取り上げます。一つは「集団的自衛権」について、そしてもう一つは「自衛隊の派遣」についてです。

まず、特に話題になった集団的自衛権とは、日本の場合はおもにアメリカなどの同盟国が攻撃を受けた場合に自分たちが攻撃を受けているのと同じこととみなして反撃できる権利のことを言います。これまでは日本自体が直接攻撃をされた場合にのみ防衛のために反撃をする「個別的自衛権」が認められてきましたが、その反撃の権利を広げたわけです。雑な説明ですが、友達が殴られたら（もしくは殴られそうなら）、自分は殴られてなくても相手を殴り返してよいということです。

この集団的自衛権は国連憲章などで国際的に広く認められていますし、日本もそれを認めていましたが、先に挙げた憲法九条があるので実際に権利を行使することはできないとしてきました。それを、今回可決された法律では「権利を行使できる」と変更することになります（武力攻撃事態法改正による）。

興味深いのは、ここに三つの要件を設けて、それを満たせば集団的自衛権を行使して武力を用いることができるとしたことです。ちなみにその三つとは、①日本が存立を脅かされる明白な危険がある事態となり、②国民を守るために他によい手段がなく、③必要最小限度の実力行使であること、です。実に「正義の戦争主義」の基準の話そのままだと思います。つまり、この法律と集団的自衛権の議論というのは、本書のテーマに沿って考えれば「正義の戦争主義」の基準の変更のやり取りであるということです。そして、この法律で最も懸念されていることは、常に正義の戦争主義で問われる問題であるということです。すなわち誰が正義を決めるのかということで、言い換えれば誰がこの三要件なり基準なりの判断を下すのかということです。

ちなみにこの法律で集団的自衛権を行使するにあたっては、国連の決議などは必要ありませんし、国会の承認も「原則」事前承認となりましたので、実質的に世論を気にしなければ、時の内閣、もっといえば首相の裁量で決められる可能性が高くなっています。これはまさに、ここまで「正義の戦争主義」の説明でお話ししてきたとおりで、政権や権力者への信頼の問題になってくると言ってよいかもしれません。そして、集団的自衛権に関しては特に自国の政権だけの問題ではないというのがポイントです。つまり、おそらく最も日本が影響を受けるアメリカの意向というのが大いに関係してくる可能性が高いということです。


もう一つの「自衛隊の派遣」については、新たな法では、地域を限定せずアメリカや他国の軍隊の後方支援のために自衛隊を派遣することが、緊急時は国会の事後承認で可能になっています。

これも内容的には「正義の戦争主義」の基準の問題ですので、その点はもう掘り下げません。重要な点は、これもやはり最も念頭に置いているのは、米軍やアメリカ主導の軍事行動に対する支援がほとんどであろうということです。

共通して言えることは、今回の法案は「正義の戦争主義」の基準の問題なのだけれど、最も重要なポイントは「おもにアメリカの」正義の戦争主義に合わせるようになるものだということです。色々な論点があると思いますが、本書のテーマに沿っての最大のポイントはこの点、すなわちアメリカの正義に合わせることを良いと考えるかどうかということになるでしょう。

さらに、正義の戦争主義にはいつも聖戦主義の誘惑があることを特に覚えておく必要があると思います。聖戦主義に陥らないために、どんな対策をしておくことができるでしょうか。

また、現在はテロという聖戦主義との戦いもある時代です。それに対するための備えは色々な面があるでしょうが、根本的な対策の第一歩は相手に対して無知ではなく、その言い分や主張、さらにはその背景にあるものや人々を知ることだと言えます。私たち一人ひとりにできる具体的な行動は何でしょうか。

最後に、日本の現状ということで、現在の安倍政権では憲法改正への意欲が見られますが、本書と関わるのはやはり憲法九条ということになるでしょう。これを変更するのは、先に話題に挙げた法律とは全く別次元の日本の本質的な変更になってくると言えます。

憲法九条は世界に類を見ない平和主義を明文化したものですから、これを変更するということは日本が正義の戦争主義に公に踏み出すということであると同時に、世界から平和主義国家がなくなるということでもあります。それを主権者である日本の国民各人がどう考えるかということになるでしょう。仮に改正論議の結果、国民投票をすることになれば、世界に「平和主義」国家を残すか、残さないか、という決断を日本国民にゆだねられるわけですから、ものすごいことであると思います。本書のテーマそのものを現実的にすべての人が問われることになるでしょう。

# あとがきにかえて

ここまで読んでいただきまして、本当にありがとうございます。

本書が、皆さんが戦争と平和について考える一助になれば、これにまさる幸いはありません。

さて、ここから先は、私自身の立場を記したいと思いますので「あとがきにかえて」としました。本書の目的はクリスチャンの戦争と平和の考え方を皆さんに知っていただき、またそれぞれの考えるための土台の一つを提供することですから、前章まででその役割は基本的に果たしていると思います。ただし、やはり著者が自分の意見を話さなかったらダメだろう、という考えもあると思いますので、あえて書かせていただきます。

また、著者は牧師ですので、所属する教団と仕えている教会があるわけですが、ここでの意見は教団や教会を代表するものではありませんし、また教会の方々にも同じ考えを勧める気は一切ありません。むしろ、ここまで読んでいただいて趣旨を理解していただけていると思いますが、それぞれが自分自身で神様に向き合って結論を得ていくこと自体が、信仰の歩みにおいて欠かすことのできない重要なことだと私は思っています。

## 私の立場

私の立場は「平和主義を目指す、正義の戦争主義」です。

皆さんのため息や怒りの声が聞こえてきそうですが、どうぞ石など投げないでください。「ここまで話してきておいて何だ、その中途半端な答えは」と言われると思いますが、私の率直な意見なので、もう少し詳しく話させてください。

私は基本的に「平和主義」です。それは、第一章でお話ししたとおりのイエス様の姿に感動したからであり、自分自身の根底にあるのがその信仰であるからです。ですから、私は何があっても暴力に訴えてはならないと思いますし、戦争など絶対にあってはならないし、起こしてはならないと考えています。

その一方で、本書のテーマであるクリスチャンの戦争と平和について調べていくうちに、「自衛」をも認めないという平和主義の姿にあらためて日本の現状を重ねて考えていくうちに、率直に「自衛隊がなかったら」と考えて不安感を持ったのです。

もし、日本にそもそも自衛隊がなかったら、私は「平和主義」をそのまま表明したと思いますが、生まれたときからずっとあるものですから、それがない状態を想像するのが難しいのかもしれません。でも、一方で自衛隊さえも（災害救助などの活躍は別として武力として）必要でないときが来るのを願いますし、それを目指していくのが自分自身の信仰としてあるべき姿だと考えています。

## 理想と現実の狭間で

本書の執筆にあたって、様々な方の著作を読ませていただきました。特にクリスチャンの考え方のものに限って言えば、平和主義は「できる」派と「目指す」派の両方がありました。しかし、少なくとも欧米のほとんどの著者は「目指すけど、できない」というのが基本スタンスであったと思います。

そこにも実は聖書的な「人は皆、罪人《つみびと》である」という信仰による確信があるのだと思いますし、私自身も「罪人だから、目指すけど、できない」ということは理解できます。しかし、それでも希望を持って次の聖書の言葉を見たいと思います。

「平和をつくる者は幸いです。その人たちは神の子どもと呼ばれるから。」（マタイの福音書5章9節）

完全な平和は現実味がなくて、「理想ばっかり言うな」と思う方もあるかもしれませんが、クリスチャンが理想を語らなくてどうするんだとも思います。

牧師としては情けない話ですが、いきなり力を捨てる勇気はないけれども、本当の平和を目指したいと思います。そして、今を基準に考えるよりほかないのですから、「今」より平和を目指していくべきでしょう。

今の時代に神様によって生を与えられたのであれば、そこに必ず意味があるはずですから、時代の変化の時に生きている者として真剣に考え（そしてクリスチャンとしては祈り）、平和主義が地に満ちることを目指していきたいと思います。

私は日本が世界を変える鍵を握っていると思っています。それは「the war」というメッセージではなく、「これが平和だ」というメッセージが出せる最大のもの（明らかな平和主義の憲法）を持っている唯一の国であるということです。それは大きなチャンスではないでしょうか。

憲法を変えようという動きがあります。この動きはこれからも何度も出てくることでしょう。憲法をどうするかとは、日本をどういう国にするかということにほかなりません。今、その話題が出てきたことは、私は世界に「本物の平和を目指す国がある」ということを示す最高の時機が到来したということでもあると考えています。

議論を恐れず、真剣に向き合って、アメリカの正義の戦争が目指す平和とは違う、日本だけが見せることのできる「平和」を自らで選び取り、世界に示すのがよいと思います。私はかなり本気で、日本国民が平和主義憲法を自ら選んだとき、世界は変わると思っています。

重ねて、最後まで読んでいただきまして、本当にありがとうございました。感謝します。すべての人のために祝福をお祈りしつつ、筆を置きます。

二〇一六年一月

鈴木　光

## 〈主要参考文献・引用文献〉　☆は著者による推薦

☆Allen, Joseph L., *War: A Primer for Christians*, Texas A&M University Press, College Station, 2014（Originally published by Abingdon Press, 1991）

Geisler, Norman L., *Christian Ethics: Contemporary Issues & Options 2nd edition*, Michigan, Baker Academic（1st edition 1989）

☆Reimer, A. James, *Christians and War: A Brief History of the Church's Teachings and Practices*, Minneapolis, Fortress Press, 2010

Stott, Dr. John R.W.; Wyatt, John, *Issues Facing Christians Today 4th Edition*, Zondervan, 2006（1st Edition 1984）

☆高柳先男『戦争を知るための平和学入門』（ちくまプリマーブックス136）筑摩書房、二〇〇〇

土井健司『キリスト教は戦争好きか――キリスト教的思考入門』（朝日選書887）朝日新聞出版、二〇一二

新渡戸稲造『武士道』（岩波文庫青118－1）岩波書店、一九三八

ベッテンソン・ヘンリー編『キリスト教文書資料集』（聖書図書刊行会編集部訳）いのちのことば社、一九六二

マッコーリー・ジョン『平和のコンセプト――聖書的・神学的視座から』（東方敬信訳）新教出版社、二〇〇八

やなせたかし『わたしが正義について語るなら――未来のおとなへ語る』（ポプラ社）二〇〇九
賀川豊彦献身100年記念事業神戸プロジェクト実行委員会企画監修『劇画　死線を越えて　賀川豊彦がめざした愛と協同の社会』社団法人家の光協会、二〇〇九

〈マンガ・音楽〉

新谷かおる『エリア88』（スコラ　漫画文庫シリーズ）一九九四
引用1は5巻二一四頁、引用2は11巻一六八頁
幸村誠『ヴィンランド・サガ』2巻（講談社コミックス）二〇〇五
引用1は六一頁「お前に敵などいない」より、引用2は二一一頁
清竜人『People』トラック7 ぼくが死んでしまっても（ＥＭＩミュージックジャパン）二〇一一
SEKAI NO OWARI『tree』トラック13 Dragon Night（トイズファクトリー）二〇一五

聖書 新改訳 © 1970,1978,2003 新日本聖書刊行会
日本音楽著作権協会（出）許諾第1600284-602号

# バカな平和主義者と 独りよがりな正義の味方

2016年2月20日　発行
2016年3月20日　再刷

著　者　鈴木　光
印刷製本　シナノ印刷株式会社
発　売　いのちのことば社
〒164-0001 東京都中野区中野2-1-5
電話 03-5341-6922（編集）
03-5341-6920（営業）
FAX03-5341-6921
e-mail:support@wlpm.or.jp
http://www.wlpm.or.jp/


ISBN 978-4-264-03466-7